Crepúsculo dos ídolos

ou

Como se filosofa com o martelo

Livros do autor publicados pela **L&PM** EDITORES:

Além do bem e do mal
Assim falou Zaratustra
O anticristo
Crepúsculo dos ídolos
Ecce homo
A filosofia na era trágica dos gregos
Nietzsche – obras escolhidas: Além do bem e do mal, O anticristo, Ecce homo
Por que sou tão sábio

Leia também na Coleção **L&PM** POCKET:

Assim falou Zaratustra (MANGÁ)
Nietzsche – Jean Granier (SÉRIE **ENCYCLOPAEDIA**)
Nietzsche – Dorian Astor (SÉRIE BIOGRAFIAS)

NIETZSCHE

Crepúsculo dos ídolos

ou

Como se filosofa com o martelo

Tradução, apresentação e notas de
Renato Zwick

www.lpm.com.br
L&PM POCKET

Coleção **L&PM** POCKET, vol. 799

Texto de acordo com a nova ortografia.

Título original: *Götzen-Dämmerung oder wie man mit dem Hammer philosophiert*
Tradução baseada na edição organizada por Giorgio Colli e Mazzino Montinari (Friedrich Nietzsche. Sämtliche Werke. Kritische Studienausgabe in 15 Bänden. Berlin/New York: de Gruyter/dtv, 1999. Bd. 6)
Primeira edição na Coleção **L&PM** POCKET: julho de 2009
Esta reimpressão: fevereiro de 2025

Tradução, apresentação e notas: Renato Zwick
Capa: Ivan Pinheiro Machado
Preparação: Patrícia Yurgel
Revisão: Patrícia Rocha

Cip-BRASIL. Catalogação na Fonte
Sindicato Nacional dos Editores de Livros, RJ

N581c

Nietzsche, Friedrich Wilhelm, 1844-1900
Crepúsculo dos ídolos, ou, como se filosofa com o martelo / Friedrich W. Nietzsche; tradução, apresentação e notas de Renato Zwick. – Porto Alegre, RS: L&PM, 2025.
144p. – (Coleção L&PM POCKET, v. 799)

Tradução de: *Götzen-Dämmerung oder wie man mit dem Hammer philosophiert*
Apêndice
ISBN 978-85-254-1916-3

1. Filosofia alemã. I. Zwick, Renato. II. Título. III. Título: Como se filosofa com o martelo. III. Série.

09-3213. CDD: 193
CDU: 1(43)

Rua Comendador Coruja, 314, loja 9 – Floresta – 90.220-180
Porto Alegre – RS – Brasil / Fone: 51.3225.5777

Pedidos & Depto. Comercial: vendas@lpm.com.br
Fale conosco: info@lpm.com.br
www.lpm.com.br

Impresso no Brasil
Verão de 2025

Sumário

Apresentação

Renato Zwick*

Friedrich Nietzsche nasce em 1844 na pequena cidade de Röcken, no estado alemão da Saxônia, filho do pastor Karl Ludwig Nietzsche e de Franziska Nietzsche, ambos, por sua vez, também filhos de pastores. Em 1846 nasce sua irmã, Elisabeth, e em 1848, um irmão, Joseph. Seu pai falece em 1849, e seu irmão, no ano seguinte. A mãe se muda com as duas crianças para Naumburg, onde Nietzsche faz seus primeiros estudos. Já em 1856, começa a padecer das dores de cabeça e nos olhos que o atormentarão pelo resto da vida.

Destinado a seguir a carreira do pai, começa a estudar teologia em 1864 na universidade de Bonn, que abandona no ano seguinte para se dedicar à filologia em Leipzig, onde também descobre os dois volumes do tratado *O mundo como vontade e representação*, de Arthur Schopenhauer (1788-1860), cuja doutrina pessimista abraça com entusiasmo. Em 1868, ouve as aberturas das óperas *Tristão e Isolda* e *Os mestres cantores*, fato que o transforma em admirador fervoroso do compositor Richard Wagner (1813-1883), que conhece pessoalmente no mesmo ano e de quem se torna amigo.

No ano seguinte, graças à qualidade excepcional de seus trabalhos filológicos, é nomeado professor na universidade de Basileia (Suíça), mesmo sem possuir o título

* Bacharel em Filosofia pela Unijuí.

de doutor, que lhe é concedido posteriormente. Durante o período de dez anos em que permanece em Basileia, Nietzsche publica seus primeiros livros, já marcados pela polêmica: *O nascimento da tragédia* (1872) e as quatro *Considerações extemporâneas* (1873-1876). Em 1878, publica *Humano, demasiado humano*, que representa uma dupla ruptura: por um lado, Nietzsche começa a questionar o pessimismo schopenhauriano e, por outro, influenciado pelos chamados moralistas franceses – La Rochefoucauld, La Bruyère e Montaigne, entre outros –, passa a cultivar um gênero que levará à perfeição: o aforismo. Nesse mesmo ano, também rompe a amizade com Wagner, com quem compartilhava a admiração por Schopenhauer.

A partir de então, tendo abandonado a cátedra de Basileia por motivos de saúde, Nietzsche viverá como "filósofo errante". Viajando principalmente pela Suíça e pela Itália, buscará os lugares que julga mais apropriados para suas reflexões e sua natureza debilitada. Em 1882, depois da publicação de *Ditos e opiniões variadas*, *O andarilho e sua sombra* (continuações de *Humano, demasiado humano*) e *Aurora: pensamentos acerca dos preconceitos morais*, conhece em Roma a jovem russa Lou von Salomé, por quem se apaixona. Sua proposta de casamento é recusada. Não bastassem a desilusão e as complicações em que se envolve – o amigo Paul Rée também se apaixonara por Lou –, ainda se desentende com a mãe e a irmã; as intromissões e intrigas desta última quase o levam ao suicídio.

O ano de 1882, no entanto, ainda veria a publicação de mais uma obra, *A gaia ciência*, que anuncia dois dos motivos de *Assim falou Zaratustra: um livro para todos e para ninguém* (1883-1885), a saber, a morte de Deus e o pensamento do eterno retorno. Seguem-se, em 1886, *Além do bem e do mal* e, em 1887, *A genealogia da moral*, obras que, após os voos poéticos do *Zaratustra*, representam o ápice da elaboração conceitual de Nietzsche.

As obras de 1888, último ano de vida lúcida do pensador, trariam relativamente poucas novidades filosóficas, compensadas, no entanto, por um dos estilos mais vivazes jamais alcançados na prosa alemã. Foram seis títulos: um panfleto, *O caso Wagner*; *Crepúsculo dos ídolos*, "um resumo de minhas heterodoxias filosóficas fundamentais" (palavras do filósofo em carta ao amigo Heinrich Köselitz); o acerto de contas com o cristianismo, *O anticristo*; uma pequena coletânea de poemas, *Ditirambos de Dioniso*; outra coletânea, desta vez de textos sobre Wagner, *Nietzsche contra Wagner*; e, por fim, o autobiográfico *Ecce homo*. Nietzsche ainda planejava uma obra vasta e sistemática, para a qual vinha reunindo anotações há vários anos, que se chamaria *A vontade de poder*. O projeto, depois rebatizado de *A transvaloração de todos os valores*, foi finalmente abandonado, e o que restou foram milhares de páginas de esboços e dois "subprodutos": os já citados *O anticristo* e *Crepúsculo dos ídolos*.

Nesta última obra, cujo título inclui uma ironia contra Wagner (uma de suas óperas se chama *O crepúsculo dos deuses*), Nietzsche ataca ídolos eternos, conforme anuncia no prefácio, mas tampouco deixa intactos ídolos de sua época. Com uma fúria iconoclasta sem igual, investe contra Sócrates (cuja filosofia seria expressão da decadência grega) e contra um conceito específico de razão (que implica a divisão do mundo em dois, um verdadeiro e um aparente, e conceitos problemáticos como vontade, eu, substância e Deus); contra os mais antigos conceitos de moral (que, para o filósofo, seriam antinaturais) e contra as ideias e práticas para melhorar a humanidade ("enfraquecer", corrige Nietzsche). Da mesma forma, não são poupados os ídolos modernos: o sistema educacional alemão, escritores e pensadores em voga, concepções estéticas como a de Schopenhauer e a do movimento *l'art pour l'art*, anarquistas, socialistas e progressistas em geral; e, sobretudo, a presunção moderna de superioridade moral: se os costumes e as instituições modernas são mais amenos, acredita o filósofo, isso não se deveria a algum progresso, mas apenas ao enfraquecimento e à desagregação dos instintos. A exortação à dureza que faz as vezes de epílogo tem em vista precisamente esse estado de coisas.

Crepúsculo dos ídolos seria o último livro que Nietzsche veria publicado; *O anticristo* e *Ecce homo* só viriam a público quando o filósofo já tinha perdido a razão e o seu legado estava entregue à empresa falsificadora da irmã, que era antissemita e mais tarde se tornou simpatizante do nazismo. Elisabeth forjou cartas, escreveu uma biografia do irmão e publicou edições de suas obras que careciam de qualquer rigor filológico, levando a deturpações que prejudicaram sua recepção por décadas, sobretudo pela associação da ideia de super-homem, apresentada no *Zaratustra*, com as fantasias alemãs de superioridade racial então em voga. (Para que se possa ter uma ideia da opinião de Nietzsche acerca da irmã, basta considerar um rascunho para o *Ecce homo* em que afirma joco-seriamente que Elisabeth era uma de suas mais profundas objeções ao pensamento do eterno retorno...)

O abandono do ambicioso projeto de *A vontade de poder*, que a irmã reviveu numa edição espúria, não pode ser creditado somente ao colapso psíquico do filósofo, ocorrido em janeiro de 1889, e depois do qual nada mais escreveria até a sua morte, em 1900. Deve-se também levar em conta que há uma contradição fundamental entre combater todas as formas de metafísica – o mundo das ideias platônico, o além cristão, a coisa em si kantiana – e admitir ao mesmo tempo, ainda que apenas como suposição, um princípio metafísico como a noção de vontade de poder. Pode-se dizer que o pensador entrou num beco sem saída: enquanto em *Além do bem e do mal* levanta a hipótese de que o mundo seria vontade de poder e nada além disso, em *Crepúsculo dos ídolos* declara terminantemente que a vontade é só uma palavra. O que não o impede, contudo, de continuar usando o conceito de vontade de poder...

Por outro lado, a percepção dessa contradição também é um motivo bastante plausível para o naufrágio do projeto subsequente, *A transvaloração de todos os valores*. Para justificar a necessidade de novos valores, Nietzsche alega que os valores modernos são decadentes, niilistas, sintomas de uma vida enfraquecida que carece de vontade de poder: "Onde falta a vontade de poder, ocorre declínio. Minha tese é a de que todos os valores supremos da humanidade *carecem* dessa vontade – que sob os nomes mais sagrados há valores de declínio, valores *niilistas* no comando" (*O anticristo*, seção 6). Dilacerado pela contradição fundamental de pressupor um conceito cuja vacuidade não é desconhecida pelo seu autor ("a vontade é apenas uma palavra"...), o projeto de uma obra sistemática se esboroa – deixando em seu lugar fragmentos brilhantes e afiados como os que leitor conhecerá nesta obra. "Apenas palavras" – porém, algumas das mais engenhosas e mais perturbadoras já escritas.

CREPÚSCULO DOS ÍDOLOS

OU

COMO SE FILOSOFA COM O MARTELO

Prefácio

Não é pouca coisa manter a jovialidade em meio a um assunto sombrio e sobremaneira responsável: e, no entanto, o que seria mais necessário do que a jovialidade? Coisa alguma sai bem se nela não tomar parte uma alegria desmedida. Apenas o excesso de força é prova da força. – Uma *transvaloração de todos os valores*, esse ponto de interrogação tão negro, tão colossal que chega a lançar sombras sobre quem o coloca – uma tarefa dessas por destino obriga a correr para o sol a todo o momento, a sacudir dos ombros uma seriedade que ficou pesada, pesada demais. Qualquer expediente é apropriado para tanto, qualquer "caso" um acaso feliz. Sobretudo a *guerra*. A guerra sempre foi a grande sagacidade de todos os espíritos que se ensimesmaram demais, que se tornaram profundos demais; mesmo no ferimento ainda existe poder curativo. Um dito cuja origem deixo oculta à curiosidade erudita é meu lema há muito tempo:

*increscunt animi, virescit volnere virtus.**

Uma convalescença de outro gênero, e que eu talvez até prefira, é *auscultar ídolos*... Há mais ídolos do

* "Os espíritos crescem e a força viceja quando são feridos." Verso do poeta Fúrio de Âncio citado pelo gramático Aulo Gélio em *Noites áticas*, 18, 11, 4.

que realidades no mundo: esse é o *meu* "mau-olhado" para este mundo, também o meu "mau-*ouvido*"... Fazer perguntas com o *martelo* e talvez ouvir como resposta aquele célebre som oco que indica entranhas intumescidas – que encanto para quem possui ouvidos mesmo por detrás dos ouvidos, para mim, velho psicólogo e caçador de ratos*, diante de quem precisamente as coisas que gostariam de permanecer caladas *são forçadas a falar*...

Também este livro – o título o denuncia – é antes de tudo um descanso, um lugar batido pelo sol, uma escapulida na ociosidade de um psicólogo.** Talvez também uma nova guerra? E serão auscultados novos ídolos?... Esta pequena obra é uma *grande declaração de guerra*; e quanto à auscultação de ídolos, desta vez não são os ídolos contemporâneos, mas os *eternos* que são tocados com o martelo como por um diapasão – não há, de forma alguma, ídolos mais antigos, mais convencidos, mais

---

* Tradução literal de *Rattenfänger*. O termo costuma ter a conotação pejorativa de aliciador, demagogo, numa lembrança da figura medieval do flautista de Hamelin (*Der Rattenfänger von Hameln*). Segundo a lenda, ele foi ludibriado no pagamento que lhe fora prometido se livrasse a cidade de uma praga de ratos e, como vingança, raptou mais de uma centena de crianças que o seguiram encantadas pela sua música. No presente contexto, porém, parece correto entender a palavra no sentido literal de exterminador de pragas – ou de ídolos...

** A obra imediatamente anterior de Nietzsche, *O caso Wagner* (o "acaso feliz" a que o autor alude no primeiro parágrafo), abre com a seguinte frase: "Concedo-me um pequeno descanso"; por isso o "também". Além disso, o título inicial de *Crepúsculo dos ídolos* era *Ociosidade de um psicólogo*; daí a observação "o título o denuncia", que não foi alterada para se adaptar ao título finalmente escolhido. Este, conforme Nietzsche afirma numa carta a um amigo, é uma "malícia a mais contra Wagner".

inchados... Tampouco mais ocos... O que não impede que sejam os *mais acreditados*; no caso mais nobre, em especial, de maneira alguma são chamados de ídolos...

Turim, 30 de setembro de 1888,
dia em que foi terminado o primeiro livro de *A transvaloração de todos os valores.**

Friedrich Nietzsche

* Nietzsche alude a *O anticristo*, livro originalmente concebido como parte de uma obra maior, a referida *Transvaloração*.

Ditos e setas

1.

A ociosidade é a mãe de toda psicologia. Como? Seria a psicologia um – vício?

2.

Mesmo o mais corajoso de nós apenas raramente possui a coragem para aquilo que realmente *sabe*...

3.

Para viver sozinho é preciso ser um animal ou um deus – afirma Aristóteles.* Falta mencionar o terceiro caso: é preciso ser as duas coisas – *filósofo*...

4.

"Toda verdade é simples." – Não é isto uma sofisticada mentira?**

5.

Há muitas coisas que, de uma vez por todas, *não* quero saber. – A sabedoria traça limites também para o conhecimento.

---

* *Política*, 1253a 29.

** O alvo da seta é Schopenhauer, para quem a verdade se distingue pela simplicidade.

6.

É em nossa natureza selvagem que melhor nos recobramos do que não é natural em nós, de nossa espiritualidade...

7.

Como? O homem é apenas um erro de Deus? Ou será Deus apenas um erro do homem?

8.

Da escola de guerra da vida. – O que não me mata me torna mais forte.

9.

Ajuda a ti mesmo: então todos te ajudarão. Princípio do amor ao próximo.

10.

Que não sejamos covardes em relação aos nossos atos! Que não os abandonemos uma vez consumados! – O remorso é indecente.

11.

Um *asno* pode ser trágico? – Pode-se perecer sob uma carga que não se pode carregar nem lançar por terra?... O caso do filósofo.

12.

Quando alguém tem o seu *por quê?* da vida, tolera quase qualquer *como?* – O ser humano *não* aspira à felicidade; isso é coisa que só os ingleses fazem.

13.

O homem criou a mulher – a partir do que, afinal? De uma costela de seu deus – de seu "ideal"...

14.

O quê? Estás à procura? Gostarias de te multiplicar por dez, por cem? Procuras seguidores? – Procura *zeros!*

15.

Os homens póstumos – eu, por exemplo – são menos compreendidos do que aqueles adaptados à sua época, porém melhor *ouvidos*. Dito com mais exatidão: jamais somos compreendidos – e *disso* provém nossa autoridade...

16.

Entre mulheres. – "A verdade? Oh, não conheces a verdade! Não é ela um atentado a todos os nossos *pudeurs*?"*

17.

Eis um artista tal como aprecio os artistas, modesto em suas necessidades: no fundo, só quer duas coisas, seu pão e sua arte – *panem et* Circen...**

18.

Quem não sabe colocar sua vontade nas coisas, coloca nelas pelo menos um *sentido:* ou seja, acredita que já exista nelas uma vontade (princípio da "fé").

---

* Pudores.

** Pão e Circe, paródia do dito *panem et circensis*, "pão e jogos circenses" (Juvenal, *Sátiras*, 10, 81). Circe é a feiticeira que na *Odisseia* transforma os companheiros de Ulisses em porcos.

19.

Como? Escolhestes a virtude e o peito erguido, mas olhais ao mesmo tempo com inveja para as vantagens dos inescrupulosos? – Mas com a virtude se *renuncia* às "vantagens"... (para ser escrito na porta da casa de um antissemita).

20.

A mulher perfeita comete a literatura da mesma forma que comete um pecadilho: para experimentar, de passagem, olhando em volta para ver se alguém percebe e *para que* alguém perceba...

21.

Devemos nos colocar apenas em situações em que não seja permitido ter virtudes aparentes, situações em que, tal como o equilibrista na corda bamba, caímos ou ficamos de pé – ou escapamos...

22.

"Homens maus não têm canções."* – Como pode ser que os russos as tenham?

23.

"Espírito alemão": há dezoito anos uma *contradictio in adjecto*.**

---

* Do poema *Os cânticos*, de Johann Gottfried Seume (1769-1810).

** "Contradição nos termos." Nietzsche escreve *Crepúsculo dos ídolos* em 1888; sendo assim, o ano a que se refere é 1870, quando iniciou a guerra franco-prussiana, seguida em 1871 pela fundação do Segundo Reich por Otto von Bismarck (1815-1898), seu primeiro chanceler.

24.

Em busca dos primórdios, nos tornamos caranguejos. O historiador olha para trás; por fim, também *acredita* para trás.

25.

O contentamento protege até de resfriados. Algum dia uma mulher que se soubesse bem vestida já se resfriou? – Suponho que ela mal estivesse vestida.

26.

Desconfio de todos os criadores de sistemas e deles me afasto. A vontade de construir sistemas é uma falta de retidão.

27.

A mulher é considerada profunda – por quê? Porque nunca se chega ao seu fundo. A mulher não é sequer rasa.

28.

É de se sair correndo quando a mulher possui virtudes masculinas; e quando não possui nenhuma virtude masculina, ela própria sai correndo.

29.

"O quanto a consciência tinha outrora para remorder! Que bons dentes ela tinha! – E hoje? O que está lhe faltando?" – Pergunta de um dentista.

30.

Raramente cometemos uma precipitação isolada. Na primeira delas sempre fazemos demais. Exatamente por isso cometemos em geral ainda uma segunda – e então fazemos muito pouco...

31.

O verme se encolhe quando pisado. Uma atitude prudente. Diminui assim a probabilidade de ser pisado outra vez. Na linguagem da moral: *humildade*.

32.

Há um ódio à mentira e à dissimulação cuja origem está numa noção sensível de honra; há um ódio idêntico que provém da covardia, na medida em que a mentira é *proibida* por um mandamento divino. Covarde demais para mentir...

33.

Quão pouco é preciso para ser feliz! O som de uma gaita de foles. – Sem música a vida seria um erro. O alemão imagina o próprio Deus cantando canções.*

34.

*On ne peut penser et écrire qu'assis*** (G. Flaubert). – Te peguei, niilista! O sedentarismo é justamente o *pecado* contra o Espírito Santo. Apenas os pensamentos *caminhados* têm valor.

---

* Distorção maliciosa de um verso de Ernst Moritz Arndt (1769-1860): "Até onde soa a língua alemã / E a Deus no céu canta canções" (*A pátria do alemão*, 1813).

** Só se pode pensar e escrever sentado.

35.

Há casos em que nós, psicólogos, somos como cavalos e ficamos agitados: vemos nossa própria sombra oscilando para cima e para baixo diante de nós. O psicólogo deve afastar o olhar de *si* para chegar a ver alguma coisa.

36.

Se nós, imoralistas, *prejudicamos* a virtude? – Tão pouco quanto os anarquistas prejudicam os príncipes. Apenas depois de serem alvejados é que eles se sentam outra vez firmemente em seus tronos. Moral: *deve-se alvejar a moral*.

37.

Corres *à frente?* – Fazes isso na condição de pastor? Ou de exceção? Uma terceira possibilidade seria o desertor... *Primeiro* caso de consciência.

38.

És autêntico? Ou apenas um ator? És um representante? Ou a própria coisa representada? – No fim das contas, talvez sejas meramente a imitação de um ator... *Segundo* caso de consciência.

39.

Fala o desiludido. – Procurei grandes homens e sempre encontrei apenas os *macacos* de seu ideal.

40.

És alguém que observa? Ou que coloca mãos à obra? – Ou que desvia o olhar e se afasta?... *Terceiro* caso de consciência.

41.

Queres ir junto? Ou à frente? Ou andar sozinho?... Devemos saber *o que* queremos e *que* o queremos. *Quarto* caso de consciência.

42.

Foram degraus para mim, subi por eles – para tanto, tive de superá-los. Mas eles achavam que eu queria descansar sobre eles...

43.

Que importa que *eu* acabe por ter razão! Eu *tenho* razão demais. – E quem hoje ri melhor, também ri por último.

44.

Fórmula de minha felicidade: um sim, um não, uma linha reta, um *alvo*...

O problema de Sócrates

1.

Em todas as épocas, os grandes sábios pronunciaram o mesmo juízo sobre a vida: *ela não vale nada*... Sempre e em toda parte se ouviu a mesma cantilena sair de suas bocas – uma cantilena cheia de dúvida, cheia de melancolia, cheia de cansaço da vida, cheia de resistência à vida. O próprio Sócrates disse ao morrer: "Viver – isso significa padecer de uma longa doença: devo um galo a Asclépio salvador".* O próprio Sócrates estava farto da vida. – O que isso *demonstra*? O que isso *mostra*? – Outrora se teria dito (oh, isso foi dito, e em voz alta o bastante, nossos pessimistas puxando o coro!): "Deve haver alguma verdade aí, em todo caso! O *consensus sapientium*** prova a verdade." – Ainda falaremos assim hoje? É *lícito* fazê-lo? "Deve haver alguma *doença* aí, em todo caso" – essa a *nossa* resposta: deveríamos primeiro ver de perto esses grandes sábios de todas as épocas! Será que todos eles já não estavam mais firmes das pernas? Será que estavam acabados? Cambaleantes? *Décadents*? Será que a sabedoria aparece na Terra sob a forma de um corvo que se entusiasma com um ligeiro odor de carniça?...

---

* Cf. *Fédon* 118a. Na mitologia greco-romana, Asclépio (ou Esculápio) era o deus da medicina.

** Consenso dos sábios.

2.

Essa irreverência de considerar os grandes sábios como *tipos decadentes* me ocorreu pela primeira vez exatamente num caso em que o preconceito erudito e não erudito a ela se opõe da maneira mais enérgica: reconheci Sócrates e Platão como sintomas de declínio, como instrumentos da dissolução grega, como pseudogregos, antigregos (*O nascimento da tragédia*, 1872). O que esse *consensus sapientium* menos prova – fui compreendendo isso cada vez melhor – é que eles tivessem razão naquilo em que concordavam: ele prova, antes, que eles próprios, esses mais sábios, concordavam em alguma coisa *fisiologicamente* para assumir a mesma postura negativa em relação à vida – para *ter de* assumi-la. Juízos, juízos de valor sobre a vida, a favor ou contra, não podem, afinal, jamais ser verdadeiros: apenas possuem valor como sintomas, apenas como tal entram em consideração – em si, tais juízos são bobagens. É preciso realmente esticar os dedos nessa direção e fazer a tentativa de apreender a assombrosa *finesse* de que *o valor da vida não pode ser apreciado*. Não por um vivente, porque ele é parte envolvida, inclusive objeto de disputa, e não juiz; não por um morto, por outra razão. – Dessa forma, o fato de um filósofo ver o *valor* da vida como um problema é até uma objeção contra ele, um ponto de interrogação quanto à sua sabedoria, uma ignorância. – Como? Então todos esses grandes sábios – eles não teriam sido apenas *décadents*, eles sequer teriam sido sábios? – Mas volto ao problema de Sócrates.

3.

Segundo sua origem, Sócrates pertencia ao povo mais baixo: Sócrates era plebe. Sabemos, ainda chegamos mesmo a ver, como era feio. Porém a feiura, em si mesma uma objeção, entre os gregos é quase uma refutação. Sócrates era mesmo um grego? Com bastante frequência, a feiura é expressão de um desenvolvimento cruzado, *bloqueado* através do cruzamento. Em outros casos, ela aparece como desenvolvimento *declinante*. Os antropólogos dentre os criminalistas nos dizem que o criminoso típico é feio: *monstrum in fronte, monstrum in animo.** Porém o criminoso é um *décadent*. Era Sócrates um criminoso típico? – Aquele célebre juízo de fisionomista, que soou tão escandaloso aos amigos de Sócrates, pelo menos não contradiria isso. Ao passar por Atenas, um estrangeiro que entendia de rostos disse na cara de Sócrates que ele *era* um *monstrum* – que ele tinha dentro de si todos os vícios e apetites nocivos. E Sócrates respondeu apenas: "Tu me conheces, meu senhor!".**

4.

O confessado desregramento e a anarquia dos instintos não são os únicos indícios de *décadence* em Sócrates: também apontam para ela a superfetação do lógico e aquela *perversidade de raquítico* que o distingue. Também não esqueçamos aquelas alucinações auditivas que, sob o nome de "demônio de Sócrates", receberam uma interpretação religiosa. Tudo nele é exagerado, *buffo*, caricatura; tudo é, ao mesmo tempo, escondido, cheio de

---

* Rosto monstruoso, alma monstruosa.

** Cf. Cícero, *Tusculanas*, 4, 37, 80.

segundas intenções, subterrâneo. – Procuro compreender de que idiossincrasia se origina aquela equação socrática de razão = virtude = felicidade: a equação mais bizarra que existe e que tem contra si, em especial, todos os instintos dos helenos mais antigos.

5.

Com Sócrates, o gosto grego muda em favor da dialética: o que realmente acontece aí? Sobretudo, um gosto *nobre* é derrotado; a plebe ascende com a dialética. Antes de Sócrates, as maneiras dialéticas eram repudiadas na boa sociedade: eram consideradas maus modos, eram comprometedoras. Prevenia-se a juventude contra elas. Também se desconfiava de quem apresentasse suas razões dessa maneira. Coisas honestas, da mesma forma que pessoas honestas, não levam suas razões assim nas mãos. É indecoroso mostrar todos os cinco dedos. Aquilo que primeiro precisa ser demonstrado não vale grande coisa. Em todo lugar em que a autoridade ainda faz parte dos bons costumes, em que não se "fundamenta", mas se ordena, o dialético é uma espécie de palhaço: as pessoas riem dele, não o levam a sério. – Sócrates foi o palhaço que se *fez levar a sério*: o que realmente aconteceu aí?

6.

Somente se escolhe a dialética quando não se possui outro recurso. Sabe-se que com ela se desperta desconfiança, que ela persuade pouco. Nada é mais fácil de eliminar do que um efeito de dialético: a experiência de todo ajuntamento em que as pessoas falam demonstra isso. A dialética pode ser apenas um *expediente de emergência* nas mãos daqueles que não possuem mais outras armas. É preciso ter de obter seu direito *à força:* antes disso não se faz uso da dialética. Por isso os judeus eram dialéticos; Reineke Raposo* o era: como? E Sócrates também?

7.

É a ironia de Sócrates uma expressão de revolta? De ressentimento plebeu? Deleita-se ele, na condição de oprimido, com sua própria ferocidade nas punhaladas do silogismo? *Vinga-se* ele dos nobres que fascina? – Como dialético, tem-se um instrumento impiedoso nas mãos; com ele, pode-se bancar o tirano; ao vencer, o outro é ridicularizado. O dialético deixa ao seu oponente o ônus de provar que não é um idiota: ele enfurece ao mesmo tempo em que deixa seu adversário desamparado. O dialético *debilita* o intelecto de seu oponente. – Como? Para Sócrates a dialética é apenas uma forma de *vingança*?

8.

Dei a entender de que modo Sócrates podia causar repulsa: o que requer explicações adicionais sobre os *motivos* do fascínio que exercia. – Um deles foi ter descoberto uma nova espécie de *luta* e ter sido o seu primeiro mestre de armas nos círculos nobres de Atenas. Ele fascinou na medida em que tocou no impulso agonístico dos helenos – ele introduziu uma variante no combate entre homens jovens e adolescentes. Sócrates também era um grande *erotista.*

* Figura do folclore alemão.

9.

Porém Sócrates adivinhou algo mais. Ele viu o que havia *atrás* de seus nobres atenienses; ele compreendeu que o *seu* caso, a idiossincrasia de seu caso, já não era mais uma exceção. A mesma espécie de degenerescência se preparava em silêncio por toda parte: a velha Atenas chegava ao fim. – E Sócrates compreendeu que todo mundo *necessitava* dele – de seu remédio, de sua cura, de seu truque pessoal de autoconservação... Por toda parte, os instintos estavam em anarquia; por toda parte, as pessoas estavam a um passo do excesso: o *monstrum in animo* era o perigo geral. "Os impulsos querem se transformar em tiranos; cabe inventar um *antitirano* que seja mais forte..." Quando aquele fisionomista revelou a Sócrates quem ele era, um antro de todos os apetites nocivos, o grande ironista ainda deixou escapar uma frase que dá a chave para ele. "Isso é verdade", afirmou, "mas eu dominei todos eles." *Como* foi que Sócrates dominou a *si mesmo*? – No fundo, seu caso era apenas o caso extremo, apenas o que mais saltava aos olhos em meio àquilo que na época começou a se tornar uma calamidade geral: o fato de ninguém mais se dominar, de os instintos se voltarem uns *contra* os outros. Ele fascinava como caso extremo – sua feiura aterradora expunha esse caso diante de todos os olhos: ele fascinava com mais força, é óbvio, como resposta, como solução, como aparência de *cura* desse caso.

10.

Quando é necessário transformar a *razão* em tirano, como fez Sócrates, o perigo de que alguma outra coisa se transforme em tirano não deve ser nada pequeno.

Naquele tempo, a racionalidade foi percebida como *salvadora*; nem Sócrates nem seus "doentes" eram livres para serem racionais – isso era algo *de rigueur*[*], era o *derradeiro* recurso. O fanatismo com que toda reflexão grega se lança sobre a racionalidade revela uma situação de emergência: as pessoas estavam em perigo e só tinham uma alternativa: ou sucumbir, ou – ser *absurdamente racionais*... O moralismo dos filósofos gregos desde Platão é condicionado patologicamente; do mesmo modo, sua avaliação da dialética. Razão = virtude = felicidade significa apenas: é preciso imitar Sócrates e produzir uma *luz diurna* permanente contra os desejos sombrios – a luz diurna da razão. É preciso ser sagaz, lúcido e claro a todo custo: qualquer concessão aos instintos, ao inconsciente, conduz *para baixo*...

11.

Dei a entender de que modo Sócrates fascinava: ele parecia ser um médico, um salvador. Também é necessário apontar o erro que havia em sua crença na "racionalidade a todo custo"? – É um autoengano da parte dos filósofos e moralistas pensar que basta combater a *décadence* para escapar dela. Isso está acima de suas forças: aquilo que escolhem como remédio, como salvação, é apenas outra expressão da *décadence* – eles *modificam* a sua manifestação sem que ela própria seja eliminada. Sócrates foi um mal-entendido; *toda a moral do melhoramento, também a cristã, foi um mal-entendido*... A mais ofuscante luz diurna, a racionalidade a todo custo, a vida lúcida, fria, cautelosa, consciente, sem instinto, em oposição aos ins-

* Imprescindível.

tintos, tudo isso era apenas uma doença, mais uma doença – e de forma alguma um retorno à "virtude", à "saúde", à felicidade... Ser *forçado* a combater os instintos – essa é a fórmula da *décadence*: enquanto a vida *ascende*, felicidade é sinônimo de instinto.

12.

Será que ele ainda chegou a compreender isso, ele que era o mais sagaz dos autoludibriadores? Será que por fim disse isso a si mesmo na *sabedoria* de sua coragem frente à morte?... Sócrates *queria* morrer: não foi Atenas, mas *ele* que se deu a taça de veneno, ele que forçou Atenas a fazê-lo... "Sócrates não é médico", disse baixinho para si mesmo, "o único médico aqui é a morte... O próprio Sócrates apenas padeceu de uma longa enfermidade..."

A "RAZÃO" NA FILOSOFIA

1.

Os senhores me perguntam quais são as idiossincrasias dos filósofos?... Por exemplo, sua falta de sentido histórico, seu ódio à própria ideia de devir, seu egipcianismo. Eles acreditam *honrar* uma coisa ao despojá-la de seu aspecto histórico *sub specie aeterni** – ao fazer dela uma múmia. Tudo o que os filósofos manusearam há milênios foram múmias conceituais; nenhuma realidade escapou viva de suas mãos. Esses idólatras de conceitos matam e empalham quando adoram – tudo corre perigo de morte quando adoram. A morte, a mudança, a idade, assim como a geração e o crescimento, são objeções para eles – refutações inclusive. O que é não *se torna*; o que se torna não *é*...** Todos acreditam, até com desespero, no ser. Como, porém, não conseguem agarrá-lo, buscam as razões pelas quais são privados de possuí-lo. "Deve haver uma aparência, um embuste, que nos impede de perceber o ser: onde está o embusteiro?" – "Nós o apanhamos", gritam radiantes, "é a sensibilidade! Esses sentidos, *que aliás também são tão imorais*, nos enganam acerca do mundo *verdadeiro*. Moral: livrar-se do engano dos sentidos, do devir, da história, da mentira – a história não passa de

* Sob uma perspectiva eterna.

** Se torna (*wird*): ou seja, está sujeito à transformação, ao devir (*Werden*). "Ser", na frase seguinte, traduz o substantivo *Seiende*, "aquilo que é" – na crença dos metafísicos, o que não está sujeito à transformação.

crença nos sentidos, de crença na mentira. Moral: negar tudo que crê nos sentidos, o resto da humanidade: ela não passa de 'povo'. Ser filósofo, ser múmia, representar o monotonoteísmo fazendo uso de uma mímica de coveiro! – E fora, sobretudo, com o *corpo*, essa deplorável *idée fixe* dos sentidos! Esse corpo acometido por todos os erros de lógica existentes, refutado, até impossível, ainda que seja atrevido o bastante para se portar como se fosse real!..."

2.

Com profundo respeito, coloco de lado o nome de *Heráclito*. Se o restante do povo dos filósofos rejeitava o testemunho dos sentidos porque estes mostravam multiplicidade e mudança, ele rejeitava seu testemunho porque mostravam as coisas como se tivessem duração e unidade. Também Heráclito foi injusto com os sentidos. Eles não mentem da maneira como os eleatas* acreditavam nem da maneira como ele acreditava – eles não mentem de forma alguma. Apenas aquilo que *fazemos* de seu testemunho introduz a mentira, por exemplo, a mentira da unidade, a mentira da concretude, da substância, da duração... A "razão" é a causa de falsearmos o testemunho dos sentidos. Ao mostrar o devir, o perecimento, a mudança, eles não mentem... Heráclito, porém, terá eternamente razão ao afirmar que o ser é uma ficção vazia. O mundo "aparente" é o único: o "mundo verdadeiro" é apenas um *acréscimo mentiroso*...

* Filósofos pré-socráticos da escola de Eleia (séculos VI-V a.C.: Xenófanes, Parmênides, Zenão), caracterizada pela crença na unidade do ser e na irrealidade do movimento.

3.

E que instrumentos de observação refinados são os nossos sentidos! O nariz, por exemplo, do qual nenhum filósofo ainda falou com respeito e gratidão, é, por enquanto, o mais delicado instrumento à nossa disposição: ele é capaz de constatar diferenças mínimas de movimento que mesmo o espectroscópio não constata. A ciência que hoje possuímos vai exatamente tão longe quanto nos decidimos a *aceitar* o testemunho dos sentidos – tão longe quanto ainda aprendemos a aguçá-los, armá-los e pensá-los até o fim. O resto é aborto e ainda-não-ciência: quero dizer, metafísica, teologia, psicologia, teoria do conhecimento. *Ou* ciência formal, teoria dos signos: como a lógica e aquela lógica aplicada, a matemática. Nelas, a realidade absolutamente não aparece, nem sequer como problema; tampouco como pergunta acerca do valor que, afinal, possui uma convenção de signos como a lógica.

4.

A *outra* idiossincrasia dos filósofos não é menos perigosa: ela consiste em confundir as coisas últimas com as primeiras. Eles colocam no início, *como* início, aquilo que vem no fim – por desgraça, pois não deveria vir de modo algum! –, os "conceitos supremos", quer dizer, os conceitos mais gerais, mais vazios, a última fumaça da realidade evaporante. Mais uma vez, isso é apenas a manifestação de sua maneira de venerar: o superior não *pode* crescer do inferior, não *pode* absolutamente ter crescido... Moral: tudo o que é de primeira categoria deve ser *causa sui*.* A origem a partir de algo distinto é conside-

* Causa de si mesmo.

rada como objeção, como dúvida acerca do valor desses conceitos supremos. Todos os valores superiores são de primeira categoria, todos os conceitos supremos, o ser, o absoluto, o bem, o verdadeiro, o perfeito – nenhum deles pode ter experimentado o devir; *devem*, por conseguinte, ser *causa sui*. Mas, além disso, esses conceitos não podem ser desiguais entre si, não podem ser contraditórios... E assim os filósofos chegam ao seu estupendo conceito de "Deus"... A coisa última, a mais rarefeita, a mais vazia é colocada em primeiro lugar, como causa em si, como *ens realissimum*...* Ah, que a humanidade tenha levado a sério as enfermidades cerebrais desses mórbidos fiadores de patranhas! – Ela pagou caro por isso!...

5.

Vamos contrapor a isso, enfim, a maneira distinta como *nós* (digo *nós* por cortesia...) encaramos o problema do erro e da aparência. Outrora se tomava a transformação, a mudança, o devir em geral, como prova da aparência, como sinal de que devia existir alguma coisa que nos induzia ao erro. Hoje, ao contrário, exatamente na medida em que o preconceito da razão nos obriga a estabelecer unidade, identidade, duração, substância, causa, concretude e ser, nos vemos, em certo sentido, enredados no erro, *necessitados* do erro; tão certos estamos, com base numa verificação rigorosa, do *fato* de o erro se encontrar aí. É uma situação idêntica à dos movimentos do grande astro: no caso deles, os nossos olhos são o advogado constante do erro; no caso que ora examinamos, esse advogado é a *linguagem*. A origem da linguagem se encontra na época

* O mais real dos seres.

da forma mais rudimentar de psicologia: quando nos damos conta dos pressupostos fundamentais da metafísica da linguagem – falando claramente: da *razão* –, topamos com um fetichismo grosseiro. Esse fetichismo vê agentes e atos por toda parte: crê que a vontade é a causa geral; crê no "eu", no eu enquanto ser, no eu enquanto substância, e *projeta* a crença na substância-eu em todas as coisas – só assim *cria* o conceito de "coisa"... Por toda parte, o ser é pensado, é *imputado*, como causa; é somente a partir da concepção de "eu" que resulta, como derivado, o conceito de "ser"... No princípio se encontra esta grande fatalidade, o erro de que a vontade é algo que *age* – de que a vontade é uma *faculdade*... Hoje sabemos que ela é apenas uma palavra... Muito mais tarde, num mundo milhares de vezes mais esclarecido, os filósofos se deram conta, surpreendidos, da *segurança*, da *certeza* subjetiva no manuseio das categorias da razão: concluíram que elas não poderiam provir da empiria – afinal, toda empiria estava em contradição com elas. *Qual, portanto, a sua origem?* – E tanto na Índia quanto na Grécia se cometeu o mesmo erro: "Já devemos ter estado uma vez num mundo superior" (em vez de *num mundo muito inferior*: o que teria sido a verdade!), "devemos ter sido divinos, *pois* temos a razão!"... Na realidade, nada teve até hoje uma força persuasiva mais ingênua do que o erro do ser, como formulado, por exemplo, pelos eleatas: afinal, ele tem a seu favor cada palavra, cada frase que falamos! – Mesmo os adversários dos eleatas sucumbiram à sedução de seu conceito de ser: entre outros, Demócrito, quando inventou o seu *átomo*... A "razão" na linguagem: oh, que velha mulherzinha mentirosa! Temo que não nos livraremos de Deus porque ainda acreditamos na gramática...

6.

Os leitores me serão gratos se eu resumir em quatro teses uma compreensão tão essencial e tão nova: assim facilito o entendimento e estimulo a discordância.

Primeira tese. As razões pelas quais "este" mundo foi chamado de aparente fundamentam, pelo contrário, sua realidade – uma *outra* espécie de realidade é absolutamente indemonstrável.

Segunda tese. As características que foram atribuídas ao "ser verdadeiro" das coisas são características do não-ser, do *nada* – o "mundo verdadeiro" foi construído em oposição ao mundo real: na verdade, ele é um mundo aparente na medida em que é meramente uma ilusão *ótico-moral*.

Terceira tese. Não há sentido algum em fabular acerca de um "outro" mundo além deste se não houver um instinto de calúnia, de amesquinhamento, de suspeita em relação à vida nos dominando: nesse caso, nos *vingamos* dela com a fantasmagoria de uma "outra" vida, de uma vida "melhor".

Quarta tese. Cindir o mundo em um "verdadeiro" e um "aparente", quer à maneira do cristianismo, quer à maneira de Kant (um cristão *pérfido*, no fim das contas), é tão-somente uma sugestão da *décadence* – um sintoma de vida *declinante*... O fato de o artista dar mais valor à aparência do que à realidade não constitui objeção a essa tese. Pois, nesse caso, "a aparência" significa a realidade *mais uma vez*, só que selecionada, reforçada, corrigida... O artista trágico *não* é pessimista – ele justamente diz *sim* a tudo aquilo que é questionável e mesmo terrível; ele é *dionisíaco*...

Como o "mundo verdadeiro" acabou se tornando uma fábula

História de um erro

1.

O mundo verdadeiro pode ser alcançado pelo sábio, pelo piedoso, pelo virtuoso – vive neles, *é eles*.

(Forma mais antiga da ideia, relativamente inteligente, simples, convincente. Transcrição da tese: "Eu, Platão, *sou* a verdade".)

2.

O mundo verdadeiro é inalcançável por ora, mas é prometido ao sábio, ao piedoso, ao virtuoso ("ao pecador que faz penitência").

(Progresso da ideia: ela se torna mais refinada, mais capciosa, mais inapreensível – *torna-se mulher*, torna-se cristã...)

3.

O mundo verdadeiro é inalcançável, indemonstrável, não pode ser prometido, mas já como algo pensado é um consolo, um dever, um imperativo.

(No fundo, o velho sol, mas visto através de névoa e ceticismo; a ideia se torna sublime, pálida, nórdica, königsberguense.*)

* Ou seja, kantiana. Immanuel Kant (1724-1804) nasceu e passou a maior parte de sua vida na cidade de Königsberg.

4.

O mundo verdadeiro é – inalcançável? Em todo caso, não foi alcançado. E como tal também é *desconhecido*. Por conseguinte, também não é consolador nem salvador e não obriga a nada: a que uma coisa desconhecida poderia nos obrigar?...

(Manhã cinzenta. Primeiro bocejo da razão. Canto de galo do positivismo.)

5.

O "mundo verdadeiro" – uma ideia que não serve mais para nada, que nem sequer obriga a alguma coisa – uma ideia que se tornou inútil, supérflua e, *por conseguinte*, uma ideia refutada: demos um fim nela!

(Dia claro; café da manhã; retorno do *bon sens* e da jovialidade; rubor de Platão; alarido infernal de todos os espíritos livres.)

6.

Eliminamos o mundo verdadeiro: que mundo restou? O aparente, talvez?... Mas não! *Ao eliminar o mundo verdadeiro, também eliminamos o aparente!*

(Meio-dia; momento da sombra mais curta; fim do erro mais longo; ápice da humanidade; INCIPIT ZARATHUSTRA.*)

---

* Começa o *Zaratustra*.

A moral como antinatureza

1.

Todas as paixões têm uma época em que são apenas funestas, em que puxam suas vítimas para baixo com o peso da estupidez – e uma época posterior, muito posterior, em que se casam com o espírito, em que se "espiritualizam". Outrora, em razão da estupidez nas paixões, se combatiam as próprias paixões: conspirava-se para a sua aniquilação – todos os velhos monstros morais são unânimes na opinião de que *il faut tuer les passions.** A mais célebre fórmula para tanto se encontra no Novo Testamento, naquele Sermão da Montanha**, no qual, diga-se de passagem, as coisas absolutamente não são vistas *de cima*. Ali se diz em relação à sexualidade, por exemplo, que "se teu olho te faz tropeçar, arranca-o e lança-o de ti": felizmente, nenhum cristão age segundo esse preceito. *Aniquilar* as paixões e os apetites apenas para evitar sua estupidez e as consequências desagradáveis dessa estupidez nos parece hoje apenas uma forma aguda de estupidez. Não admiramos mais os dentistas que *arrancam* os dentes para que não doam mais... Por outro lado, admita-se com alguma justiça que o conceito de "*espiritualização* das paixões" de forma alguma pôde ser concebido no solo em que o cristianismo cresceu. Afinal, como é sabido, a Igreja primitiva lutava *contra* os

* Devem-se matar as paixões.

** Cf. Mateus 5-7.

"inteligentes" em favor dos "pobres de espírito": como se poderia esperar dela uma guerra inteligente às paixões? – A Igreja combate as paixões com a excisão em todos os sentidos: seu procedimento, sua "cura", é o *castratismo*. Ela nunca pergunta: "Como se espiritualiza, se embeleza, se diviniza um apetite?" – Em todas as épocas, ela colocou o acento da disciplina na extirpação (da sensualidade, do orgulho, da ambição pelo poder, da cobiça, da sede de vingança). – Porém, arrancar as paixões pela raiz significa arrancar a vida pela raiz: o procedimento da Igreja é *hostil à vida*...

2.

O mesmo expediente – castração, extirpação – é escolhido instintivamente por aqueles que, ao lutarem contra um apetite, são muito fracos de vontade, muito degenerados para serem capazes de se colocar um limite quanto a ele: por aquelas naturezas que, para usar uma imagem (e sem usá-la), necessitam de La Trappe*, de alguma declaração definitiva de hostilidade, de um *abismo* entre si próprias e uma paixão. Os expedientes radicais são imprescindíveis apenas aos degenerados; a fraqueza da vontade – dito mais exatamente, a incapacidade de *não* reagir a um estímulo – é ela própria apenas outra forma de degenerescência. A hostilidade radical, a hostilidade de morte à sensualidade, é um sintoma que dá o que pensar: ela autoriza a fazer suposições acerca do estado geral de um desses descomedidos. – De resto, essa hostilidade, esse ódio, apenas chega ao extremo quando tais naturezas não

* Abadia francesa que deu nome à ordem dos trapistas, fundada no século XVII. Entre suas normas severas estão a alimentação vegetariana, os trabalhos braçais e a proibição de falar.

têm mais a firmeza suficiente sequer para a cura radical, para a renúncia a seu "demônio". Consideremos toda a história dos sacerdotes e dos filósofos, sem deixar de fora os artistas: as coisas mais venenosas contra os sentidos *não* foram ditas pelos impotentes *nem* pelos ascetas, mas pelos ascetas impossíveis, por aqueles que teriam precisado ser ascetas...

3.

A espiritualização da sensualidade se chama *amor*: ela é um grande triunfo sobre o cristianismo. Um outro triunfo é a nossa espiritualização da *hostilidade*. Ela consiste em que compreendamos profundamente o valor de ter inimigos: em suma, que ajamos e tiremos conclusões de modo inverso àquele que outrora se agia e se tiravam conclusões. Em todas as épocas, a Igreja quis a aniquilação de seus inimigos: nós, imoralistas e anticristãos, vemos nossa vantagem no fato de a Igreja continuar existindo... Também no âmbito da política a hostilidade se tornou hoje mais espiritual – muito mais sagaz, muito mais reflexiva, muito *mais cuidadosa*. Quase todo partido considera uma questão de autoconservação que o partido adversário não perca suas forças; o mesmo vale para a grande política. Especialmente uma nova criação, o novo Reich, por exemplo, tem mais necessidade de inimigos do que de amigos: é apenas no antagonismo que ele se sente necessário, apenas no antagonismo que ele se *torna* necessário... Não nos comportamos de forma diferente quanto ao "inimigo interior": também neste caso espiritualizamos a hostilidade, também neste caso compreendemos o seu *valor*. Só se é *fértil* ao preço de ser rico em oposições;

só se permanece *jovem* se a alma não se espreguiça, não anseia pela paz... Nada se tornou mais estranho para nós do que aquele anelo de outrora, o de "paz da alma", o anelo *cristão*; nada nos causa menos inveja do que a vaca moral e a felicidade gorda da consciência tranquila. Renuncia-se à *grande* vida quando se renuncia à guerra... Em muitos casos, todavia, a "paz da alma" é apenas um mal-entendido – alguma *outra coisa* que apenas não sabe dar a si mesma um nome mais respeitável. Sem rodeios e sem preconceitos, cito alguns casos. A "paz da alma" pode ser, por exemplo, a suave irradiação de uma animalidade rica para o interior do âmbito moral (ou religioso). Ou o princípio do cansaço, a primeira sombra lançada pelo entardecer, qualquer espécie de entardecer. Ou um sinal de que o ar está úmido, de que ventos do sul se aproximam. Ou a gratidão, sem sabê-lo, por uma digestão feliz (às vezes chamada de "amor ao próximo"). Ou o silenciar do convalescente, para quem todas as coisas têm um gosto novo e que espera... Ou o estado que se segue a uma satisfação intensa de nossa paixão dominante, o bem-estar de uma saciedade rara. Ou a senilidade de nossa vontade, nossos desejos, nossos vícios. Ou a preguiça, persuadida pela vaidade a se enfeitar moralmente. Ou a entrada em cena de uma certeza, mesmo que seja uma certeza terrível, após longa tensão e tormento causados pela incerteza. Ou a expressão da maturidade e da mestria no fazer, no criar, no agir, no querer, a respiração tranquila, a *alcançada* "liberdade da vontade"... *Crepúsculo dos ídolos*: quem sabe? Talvez isso também seja apenas uma espécie de "paz da alma"...

4.

Coloco um princípio numa fórmula. Todo naturalismo na moral, ou seja, toda moral *sadia*, é dominado por um instinto de vida – um mandamento qualquer da vida é preenchido por um cânone determinado de "deves" e "não deves", quaisquer obstáculos e hostilidades no caminho da vida são assim removidos. A moral *antinatural*, ou seja, quase toda moral que até agora foi ensinada, venerada e pregada, volta-se, ao contrário, justamente *contra* os instintos da vida – ela é uma *condenação* desses instintos, ora secreta, ora sonora e atrevida. Ao dizer que "Deus vê o coração"*, ela nega os desejos mais baixos e mais altos da vida, tomando Deus como *inimigo da vida*... O santo em quem Deus se compraz** é o castrado ideal... A vida acaba onde o "reino de Deus" *começa*...

5.

Supondo que se tenha compreendido o que há de ultrajante nessa rebelião contra a vida, tal como quase se tornou sacrossanta na moral cristã, também se terá compreendido, felizmente, outra coisa: o que há de inútil, ilusório, absurdo e *mentiroso* numa rebelião dessas. No fim das contas, uma condenação da vida por parte do vivente é apenas o sintoma de uma espécie determinada de vida: a questão de saber se com razão ou não sequer é levantada. Deveríamos assumir uma posição *fora* da vida, e, por outro lado, conhecê-la tão bem quanto um, quanto muitos, quanto todos que a tenham vivido para poder chegar a tocar no problema do *valor* da vida: razões suficientes para

* Cf. Lucas 16, 15.

** Cf. Mateus 12, 18 (citação de Isaías 42, 1).

se compreender que esse problema é inacessível para nós. Quando falamos de valores, falamos sob a inspiração, sob a ótica da vida: a própria vida nos força a fixar valores, a própria vida valora através de nós *quando* fixamos valores... Segue-se daí que também aquela *moral antinatural* que compreende Deus como conceito contrário à vida e como sua condenação é apenas um juízo de valor da vida – de *que* vida? De *que* espécie de vida? – Mas já dei a resposta: da vida declinante, enfraquecida, cansada, condenada. A moral, como foi compreendida até aqui – como, por fim, também foi formulada por Schopenhauer na forma de "negação da vontade de vida" –, é o próprio *instinto da décadence* que faz de si um imperativo. Ela diz: "*Pereça!*" – ela é o juízo dos condenados...

6.

Consideremos ainda, por fim, que ingenuidade é dizer: "O homem *deveria* ser assim e assim!". A realidade nos mostra uma riqueza encantadora de tipos, a exuberância de um pródigo jogo de formas, de uma pródiga mudança de formas: e vem um miserável moralista indolente e diz: "Não! O homem deve ser *diferente*"?... Ele sabe, inclusive, como o homem deveria ser, esse coitado e carola; ele pinta o próprio retrato na parede e diz: "*Ecce homo!*"...* Porém, mesmo quando o moralista se dirige apenas ao indivíduo e lhe diz: "*Tu* deverias ser assim e assim!", ele não deixa de ser ridículo. O indivíduo, visto de todos os lados, é um fragmento de *fatum***, é uma lei a mais, uma necessidade a mais para tudo que vem e

* Eis o homem!

** Destino.

será. Dizer-lhe que "se modifique" significa exigir que tudo se modifique, mesmo o que passou... E, realmente, houve moralistas consequentes que desejavam que o homem fosse diferente, a saber, virtuoso, que desejavam que fosse segundo a imagem deles, a saber, carola: para isso *negaram* o mundo! Uma loucura nada pequena! Uma espécie de imodéstia nada modesta!... A moral, na medida em que *condena* em si, e *não* por considerações, atenções e determinações da vida, é um erro específico pelo qual não se deve ter compaixão, uma *idiossincrasia de degenerados* que provocou danos indizíveis!... Nós, imoralistas, abrimos nosso coração, ao contrário, para toda espécie de compreensão, apreensão, *aprovação*. Não negamos facilmente, procuramos nossa honra no fato de sermos *afirmadores*. Nossos olhos se abriram cada vez mais para aquela economia que sabe usar e aproveitar inclusive tudo aquilo que a santa insanidade do sacerdote, a razão *enferma* do sacerdote, repudia, para aquela economia na lei da vida que tira sua vantagem mesmo da *species* repulsiva do carola, do sacerdote, do virtuoso – *qual* vantagem? – Mas nós próprios, imoralistas, somos a resposta a essa pergunta...

Os quatro grandes erros

1.

O erro de confundir causa e consequência. – Não há erro mais perigoso do que *confundir a consequência com a causa:* chamo-o de a verdadeira corrupção da razão. Apesar disso, esse erro se encontra entre os hábitos mais antigos e mais jovens da humanidade: ele é inclusive santificado entre nós, ostentando o nome de "religião", de "moral". *Qualquer* proposição formulada pela religião e pela moral o contém; os sacerdotes e os legisladores morais são os autores dessa corrupção da razão. – Tomo um exemplo: todos conhecem o livro do célebre Cornaro*, no qual ele aconselha sua dieta escassa como receita para uma vida longa e feliz – e também virtuosa. Poucos livros foram tão lidos, e mesmo hoje muitos milhares de exemplares são impressos anualmente na Inglaterra. Duvido que exista um livro (com exceção da Bíblia, claro está) que tenha promovido tanta desgraça, que tenha *encurtado* tantas vidas, quanto essa curiosidade tão bem-intencionada. A razão para isso: a confusão da consequência com a causa. O honrado italiano via em sua dieta a *causa* de sua vida longa: enquanto a precondição da vida longa, a extraordinária lentidão do metabolismo, o pequeno consumo, eram as causas de sua dieta escassa. Ele não tinha liberdade para comer pouco *ou* muito, sua

* Luigi Cornaro (1475-1566), nobre veneziano, autor de *Discorsi della vita sobria*, livro publicado em 1558.

frugalidade *não* era um "livre-arbítrio": ele ficava doente quando comia mais. Quem não é uma carpa, porém, não apenas faz bem em comer *a valer*, mas também necessita fazê-lo. Um erudito de *nossos* dias, com seu rápido consumo de energia nervosa, se arruinaria com o *régime* de Cornaro. *Crede experto.**

2.

Eis a fórmula mais geral que está no fundamento de todas as religiões e morais: "Faça isto e aquilo, não faça isto e aquilo – assim serás feliz! Caso contrário..." Todas as morais, todas as religiões, *são* esse imperativo – eu o chamo de o grande pecado original da razão, a *desrazão imortal*. Em minha boca, essa fórmula se transforma em seu contrário – *primeiro* exemplo de minha "transvaloração de todos os valores": um homem bem constituído, um "homem feliz", *precisa* executar determinadas ações e receia outras por instinto, ele introduz nas suas relações com pessoas e coisas a ordem que representa fisiologicamente. Numa fórmula: sua virtude é a *consequência* de sua felicidade... Uma vida longa e uma prole numerosa *não* são o salário da virtude; a própria virtude é antes aquele retardamento do metabolismo que, entre outras coisas, tem como consequência uma vida longa e uma prole numerosa, em suma, o *cornarismo*. – A Igreja e a moral dizem: "Uma estirpe, um povo, são arruinados pelo vício e pelo luxo". Minha razão *restabelecida* diz: quando um povo se arruína, quando degenera fisiologicamente, então *seguem-se* o vício e o luxo (quer dizer, a necessidade de estímulos cada vez mais fortes e mais

---

* Creia naquele que fez a experiência.

frequentes, conforme a conhece toda natureza esgotada). Esse homem jovem fica pálido e murcho precocemente. Seus amigos dizem: a culpa é desta ou daquela doença. Eu digo: o *fato* de ter adoecido, o *fato* de não ter resistido à doença, já foi consequência de uma vida empobrecida, de um esgotamento hereditário. O leitor de jornais diz: com um erro desses, esse partido se arruína. Minha política *superior* diz: um partido que comete um erro desses está acabado – ele perdeu a sua segurança instintiva. Todo erro, em todos os sentidos, é consequência de uma degeneração dos instintos, de uma desagregação da vontade: com isso quase se define aquilo que é *ruim*. Tudo aquilo que é *bom* é instinto – e, consequentemente, leve, necessário, livre. A labuta é uma objeção; o deus é tipicamente distinto do herói (em minha linguagem: os pés *leves* são o primeiro atributo da divindade).

3.

O erro de uma causalidade falsa. – Em todas as épocas se acreditou saber o que é uma causa: de onde, porém, tomamos nosso saber, mais precisamente, nossa crença de que sabemos alguma coisa quanto a isso? Do âmbito dos célebres "fatos interiores", dos quais nenhum provou ser fatual até aqui. Acreditávamos que nós próprios éramos causais no ato da vontade; achávamos, pelo menos, poder *surpreender* a causalidade *no ato*. Do mesmo modo, não se duvidava de que todos os *antecedentia* de uma ação, as suas causas, devessem ser buscados na consciência e nela se encontrassem quando procurados – como "motivos": afinal, do contrário não se seria livre *para* praticá-la, não se seria responsável *por* ela. Enfim, quem teria contestado que um pensamento é causado? Que o eu causa o pensamento?... Desses três "fatos interiores" que pareciam garantir a causalidade, o primeiro e mais persuasivo é o da *vontade como causa*; a concepção de uma consciência ("espírito") como causa e, mais tarde, também a do eu (do "sujeito") como causa são apenas produtos posteriores, surgidos depois que a causalidade estava estabelecida pela vontade como dada, como *empiria*... Entrementes, pensamos melhor. Hoje não acreditamos mais em uma só palavra disso tudo. O "mundo interior" está repleto de miragens e fogos-fátuos: um deles é a vontade. Ela não move mais nada e, por conseguinte, também não explica mais nada – meramente acompanha os processos, e também pode se ausentar. O chamado "motivo": outro erro. Um mero fenômeno superficial da consciência, um acessório do ato, que antes oculta do que mostra os *antecedentia* de um ato. E o eu, então! Ele se transformou numa fábula, numa ficção, num jogo de palavras: cessou completamente de pensar, sentir e querer!... Qual a consequência disso? Não há quaisquer causas espirituais! Toda a suposta empiria que demonstrava isso foi para o inferno! *Essa* é a consequência! – E nós tínhamos praticado um gracioso abuso com essa "empiria"; por isso *criamos* o mundo como um mundo de causas, um mundo de vontade, um mundo de espíritos. A mais antiga e mais prolongada psicologia estava obrando aí, e ela não fez outra coisa: para ela, todo acontecimento era um agir, todo agir era consequência de uma vontade, o mundo se transformou para ela numa multiplicidade de agentes, um agente (um "sujeito") foi imputado a todos os acontecimentos. O homem projetou para fora de si os seus três "fatos interiores", aquilo em que mais firmemente acreditava, a vontade, o espírito e o eu – ele tomou o conceito de ser a partir do conceito de eu, estabeleceu as "coisas" como existentes segundo sua própria imagem, segundo seu conceito de eu como causa. Como se admirar de que posteriormente sempre tenha encontrado nas coisas *aquilo que introduziu nelas*? – A própria coisa, repito, o conceito de coisa, é um mero reflexo da crença no eu como causa... E mesmo o vosso átomo, meus senhores mecanicistas e físicos, quanto ainda resta de erro, quanto ainda resta de psicologia rudimentar em vosso átomo! – Isso sem falar da "coisa em si", do *horrendum pudendum** dos metafísicos! O erro do espírito como causa confundido com a realidade! E transformado em medida da realidade! E chamado de *Deus!*

4.

O erro das causas imaginárias. – Comecemos pelo sonho: a uma sensação determinada, devida, por exemplo, a um tiro distante de canhão, se atribui posteriormente uma causa (com frequência, todo um pequeno romance em que o protagonista é justamente a pessoa que sonha). Nesse meio-tempo, a sensação perdura numa espécie de ressonância: ela aguarda, por assim dizer, que o impulso causal lhe permita passar ao primeiro plano – só que não mais como acaso, mas como "sentido". O tiro de canhão aparece de uma maneira *causal*, numa aparente inversão do tempo. Aquilo que é posterior, a motivação, é vivido em primeiro lugar, frequentemente com centenas de detalhes que passam como um raio, e então vem o tiro... O que

* Horrenda vergonha.

aconteceu? As representações *geradas* por um certo estado foram mal entendidas como causa do mesmo. – Na verdade, fazemos a mesma coisa quando acordados. A maioria de nossas sensações gerais – toda espécie de inibição, pressão, tensão e explosão no funcionamento dos órgãos, em especial o estado do *nervus sympathicus* – estimula nosso impulso causal: queremos uma *razão* para nos sentirmos *desta ou daquela* maneira – para nos sentirmos bem ou mal. Jamais nos contentamos em simplesmente constatar o *fato* de nos sentirmos desta ou daquela maneira: apenas admitiremos este fato – nos tornaremos *conscientes* dele – *quando* lhe tivermos dado uma espécie de motivação. – A memória, que em tais casos entra em atividade sem que o saibamos, traz à tona os estados anteriores da mesma espécie e as interpretações causais atreladas a eles – *não* a sua causalidade. Obviamente, a memória também traz à tona a crença de que as representações, os processos concomitantes da consciência, foram as causas. Surge assim uma *habituação* à determinada interpretação causal que, na verdade, bloqueia e mesmo exclui a *investigação* da causa.

5.

Explicação psicológica disso. – Reduzir algo desconhecido a algo conhecido alivia, acalma, satisfaz e, além disso, dá uma sensação de poder. Com o desconhecido vem o perigo, a inquietação, a preocupação – o primeiro instinto se volta para a *eliminação* desses estados desagradáveis. Primeiro princípio: qualquer explicação é melhor que nenhuma. Por se tratar, no fundo, apenas de um desejo de se ver livre de representações opressivas, não se é lá muito rigoroso com os expedientes para tanto: a primeira ideia que explica o desconhecido como conhecido faz tão bem que é "tomada por verdadeira". A prova do *prazer* ("da força") como critério de verdade. – O impulso causal, portanto, depende e é estimulado pelo sentimento do medo. O "por quê?" deve, se possível, não tanto fornecer a causa em razão dela mesma, mas, antes, uma *espécie de causa* – uma causa que tranquilize, liberte, alivie. A primeira consequência dessa necessidade é o fato de alguma coisa já *conhecida*, experimentada, inscrita na memória, ser estabelecida como causa. O novo, o não experimentado, o estranho, é excluído como causa. – Assim, não é buscada como causa tão-somente uma espécie de explicação, mas uma espécie *escolhida* e *privilegiada* de explicação, daquelas que eliminam do modo mais rápido, mais frequente, a sensação do estranho, do novo, do não experimentado – as explicações *mais habituais*. – Consequência: uma espécie de determinação de causas prevalece sempre mais, se concentra num sistema e enfim se sobressai *dominante*, ou seja, simplesmente excluindo *outras* causas e explicações. – O banqueiro logo pensa no "negócio", o cristão, no "pecado", a mocinha, no seu amor.

6.

Todo o âmbito da moral e da religião se inclui nessa noção de causas imaginárias. – "Explicação" das sensações gerais *desagradáveis*. Devem-se a seres que nos são hostis (espíritos malignos: o caso mais célebre – tomar erroneamente as histéricas por bruxas). Devem-se a ações que não podem ser aprovadas (o sentimento do "pecado", da "pecaminosidade", atribuído a um mal-estar fisiológico – sempre se encontram razões para estar descontente consigo mesmo). Devem-se a uma punição, a uma retaliação por alguma coisa que não deveríamos ter feito, que não deveríamos ter *sido* (explicação generalizada de forma impudente por Schopenhauer numa tese em que a moral aparece como aquilo que é, como verdadeira envenenadora e caluniadora da vida: "Toda grande dor, seja corporal, seja espiritual, exprime o que merecemos, pois não a sentiríamos se não a merecêssemos".)* Devem-se a consequências de ações impensadas, que acabaram mal (os afetos, os sentidos, estabelecidos como causa, como "culpados"; estados fisiológicos de necessidade interpretados como "merecidos" com o auxílio de *outros* estados de necessidade). – "Explicação" das sensações gerais *agradáveis*. Devem-se à confiança em Deus. Devem-se à consciência das boas ações (a chamada "consciência tranquila", um estado fisiológico que às vezes se parece muito com uma digestão bem-sucedida). Devem-se ao bom resultado de empreendimentos (ingênua conclusão equivocada: o bom resultado de um empreendimento não provoca quaisquer sensações gerais agradáveis num hipocondríaco ou num Pascal). Devem-se à fé, ao amor e à esperança – as virtudes cristãs. Na verdade, todas essas supostas explicações são *produtos* e como que traduções de sensações de prazer ou desprazer num dialeto equivocado: uma pessoa está em condições de ter esperança *porque* a sensação fisiológica básica está forte e rica novamente; uma pessoa acredita em Deus *porque* a sensação

* *O mundo como vontade e representação*, v.2, Adendos à parte 4, cap. 46, "Da nulidade e do sofrimento da vida".

de plenitude e força lhe dá tranquilidade. – A moral e a religião se incluem inteiramente na *psicologia do erro*: em cada caso individual, se confunde causa e efeito; ou a verdade é confundida com o efeito *daquilo que se acredita* ser verdadeiro, ou um estado de consciência é confundido com a causalidade desse estado.

7.

O erro do livre-arbítrio. – Hoje não temos mais qualquer compaixão pelo conceito de "livre-arbítrio": sabemos muito bem o que ele é – o mais infame truque de teólogos que há, cuja finalidade é tornar a humanidade "responsável" no sentido deles, ou seja, *torná-la dependente deles*... Trato aqui apenas da psicologia de toda responsabilização. – Em todo lugar onde se procura responsabilidades, costuma ser o instinto de *querer punir e julgar* que está a procura delas. O devir foi despido de sua inocência quando se busca explicar pela vontade, pelas intenções ou por atos de responsabilidade alguma maneira de ser: a doutrina da vontade foi inventada essencialmente com a finalidade de punir, ou seja, de *querer encontrar culpados*. Toda a psicologia antiga, a psicologia da vontade, pressupõe que seus autores, os sacerdotes à testa das antigas comunidades, queriam se arrogar o *direito* de infligir punições – ou queriam arrogar esse direito a Deus... Os homens foram imaginados "livres" para que pudessem ser condenados, punidos – para que pudessem se tornar *culpados*: em consequência, toda ação *teve de* ser imaginada como querida e sua origem como presente na consciência (o que transformou a *mais radical* falsificação *in psychologicis** em princípio da própria psicologia...). Hoje, quando começamos a nos mover na direção *contrária*, quando nós, imoralistas, procuramos com todas as forças eliminar do mundo sobretudo os conceitos de culpa e de castigo, quando procuramos limpar deles a psicologia, a história, a natureza, as instituições e sanções sociais, não há, aos nossos olhos, antagonismo mais radical do que o dos teólogos, que, com a noção de "ordem moral do mundo", continuam a empestar a inocência do devir por meio da "punição" e da "culpa". O cristianismo é uma metafísica de carrasco...

8.

Qual, porém, pode ser a *nossa* doutrina? – Que ninguém *dá* ao homem as suas qualidades, nem Deus, nem a sociedade, nem seus pais e antepassados, nem *ele próprio* (o absurdo dessa ideia que aqui acabamos de rechaçar foi ensinado por Kant, talvez também já por Platão, como "liberdade inteligível"). *Ninguém* é responsável por existir, por ser constituído desta ou daquela forma, por estar nessas circunstâncias, nesse ambiente. A fatalidade de seu ser não pode ser separada da fatalidade de tudo o que foi e será. Ele *não* é a consequência de uma intenção própria, de uma vontade, de uma finalidade; com ele *não* é feita a tentativa de alcançar um "ideal de homem" ou um "ideal de felicidade" ou um "ideal de moralidade" – é absurdo querer *rolar* o seu ser na direção de uma finalidade qualquer. Fomos *nós* que inventamos a noção de "finalidade": a finalidade está *ausente* da realidade... Somos necessários, somos um fragmento de destino,

* Em assuntos psicológicos.

pertencemos ao todo, *estamos* no todo – não há nada que possa julgar, medir, comparar e condenar o nosso ser, pois isso significaria julgar, medir, comparar e condenar o todo... *Mas não há nada fora do todo!* – Que ninguém mais seja responsabilizado, que não seja lícito explicar o tipo de ser mediante uma *causa prima*, que o mundo não constitui uma unidade nem como sensório nem como "espírito", *apenas essa é a grande libertação* – apenas assim a *inocência* do devir é restaurada... O conceito de "Deus" foi até agora a maior *objeção* à existência... Negamos a Deus, negamos a responsabilidade em Deus: apenas *assim* libertamos o mundo.

Os "melhoradores" da humanidade

1.

É conhecida a exigência que faço ao filósofo de que se coloque *além* do bem e do mal – de que tenha *abaixo* de si a ilusão do juízo moral. Essa exigência resulta de uma compreensão que fui o primeiro a formular: *a de que não existem quaisquer fatos morais*. O juízo moral tem em comum com o religioso o fato de acreditar em realidades que não são. A moral é apenas uma interpretação de certos fenômenos – para ser mais exato, uma interpretação *errônea*. O juízo moral, tal como o religioso, pertence a um estágio de ignorância ao qual ainda falta inclusive o conceito de real, a distinção entre real e imaginário: de modo que em tal estágio, "verdade" designa somente coisas que hoje chamamos de "ilusões". Por isso, o juízo moral jamais deve ser levado ao pé da letra: como tal, contém apenas disparates. Como *semiótica*, porém, é inestimável: ele revela, pelo menos ao entendido, as mais valiosas realidades de culturas e interioridades que não *sabiam* o bastante para "compreender" a si próprias. A moral é apenas discurso por sinais, apenas sintomatologia: é preciso já saber *do que* se trata para tirar proveito dela.

2.

Um primeiro exemplo, bastante provisório. Em todas as épocas se quis "melhorar" os homens: isso, sobretudo, foi chamado de moral. Sob a mesma palavra, porém, se escondem as mais diversas tendências. Tanto a *domesticação* da besta homem quanto o *cultivo* de um determinado gênero de homem foram chamados de "melhoramento": apenas esses *termini*[*] zoológicos expressam realidades – realidades, todavia, das quais o "melhorador" típico, o sacerdote, nada sabe – nada *quer* saber... Chamar a domesticação de um animal de "melhoramento" soa aos nossos ouvidos quase como uma piada. Quem sabe o que acontece nas exposições de feras duvida que nelas a besta seja "melhorada". Ela é enfraquecida, tornada menos daninha, transformada numa besta *doentia* através do afeto depressivo do medo, através da dor, dos ferimentos, da fome. – Não é diferente com o homem domesticado que o sacerdote "melhorou". No início da Idade Média, quando a Igreja era de fato sobretudo uma exposição de feras, se caçavam por toda parte os mais belos exemplares da "besta loura" – "melhoraram-se", por exemplo, os nobres germanos. Mas qual era depois a aparência de um desses germanos "melhorados", seduzidos para dentro do convento? A de uma caricatura de homem, de um aborto: ele se transformara em "pecador", estava metido na jaula, fora trancado entre conceitos que eram todos terríveis... E ali estava agora, doente, miserável, malévolo contra si próprio; cheio de ódio contra os impulsos da vida, cheio de suspeita quanto a tudo que ainda era forte e feliz. Em resumo, um "cristão"... Falando fisiologicamente: na luta contra a besta, torná-la doente *pode* ser o único meio de enfraquecê-la. Isso a Igreja entendeu: ela *corrompeu* o homem, ela o enfraqueceu – mas pretendeu tê-lo "melhorado"...

---

* Termos.

3.

Tomemos o outro caso da chamada moral, o caso do *cultivo* de uma determinada raça e espécie. O mais grandioso exemplo é dado pela moral indiana, sancionada como religião sob a forma da Lei de Manu.* Nela é colocada a tarefa de cultivar nada menos do que quatro raças ao mesmo tempo: uma sacerdotal, uma guerreira, uma de comerciantes e agricultores, e, por fim, uma raça de servos, os sudras. Evidentemente, não estamos mais entre domadores de animais: uma espécie de homem cem vezes mais benévola e mais racional é o pressuposto para apenas chegar a conceber o plano de semelhante cultivo. Respira-se aliviado por sair da atmosfera cristã de doença e de cárcere e entrar nesse mundo mais sadio, mais elevado, *mais amplo*. Quão miserável é o Novo Testamento comparado a Manu, como cheira mal! – Essa organização, porém, também tinha necessidade de ser *terrível* – neste caso, não na luta contra a besta, mas contra o conceito oposto a *ela*, o homem incultivável, o mestiço, o chandala. E, mais uma vez, ela não tinha outro expediente para torná-lo inofensivo e fraco senão torná-lo *doente* – era a luta contra o "grande número". Talvez não exista nada que se oponha mais aos nossos sentimentos do que *essas* medidas preventivas da moral indiana. O terceiro edito, por exemplo (Avadana-Sastra I), o "das verduras impuras", prescreve que a única alimentação permitida

---

* Elaborado por sacerdotes entre os séculos II a.C. e II d.C, o Código de Manu regulamenta todos os aspectos da vida no mundo indiano. Estabelece, por exemplo, a divisão da sociedade em quatro castas: *brâmanes* (sacerdotes), *xátrias* (guerreiros), *vaixás* (agricultores e comerciantes) e *sudras* (servos). Há ainda uma quinta categoria, excluída do convívio social: os párias ou *chandalas*.

ao chandala seja o alho e a cebola, visto que a escritura sagrada proíbe lhe dar grãos, frutas que contenham grãos, *água* ou fogo. O mesmo edito estabelece que a água de que necessitam não pode ser retirada dos rios, nem das fontes, nem dos lagos, mas apenas dos acessos aos pântanos e dos buracos deixados pelas pegadas dos animais. Do mesmo modo, lhes é proibido lavar suas roupas e *lavar a si próprios*, pois a água que lhes é concedida por misericórdia deve ser usada apenas para saciar a sede. Por fim, uma proibição às mulheres sudras de assistir ao parto das mulheres chandalas, bem como a estas últimas de *se assistirem mutuamente*... – O êxito de semelhante polícia sanitária não se fez esperar: epidemias mortíferas, doenças venéreas atrozes e, em consequência disso, "a lei da faca" prescrevendo a circuncisão das crianças do sexo masculino e a ablação dos pequenos lábios das crianças do sexo feminino. – O próprio Manu afirma: "Os chandalas são fruto do adultério, do incesto e do crime" (essa é a consequência *necessária* do conceito de cultivo). "Suas roupas serão apenas os trapos dos cadáveres, sua louça, apenas vasilhas quebradas, seus adornos, somente ferro-velho, e seu culto, apenas o dos espíritos malignos; eles devem vagar sem descanso de um lugar a outro. É-lhes proibido escrever da esquerda para a direita e usar a mão direita para escrever: o uso da mão direita e da escrita da esquerda para a direita é reservado apenas aos *virtuosos*, às pessoas de *raça*."

4.

Esses decretos são bastante instrutivos: neles temos, por um lado, a humanidade *ariana*, inteiramente pura, inteiramente original – aprendemos que o conceito de "sangue puro" é o contrário de um conceito inofensivo. Por outro lado, fica claro em *que* povo se perpetuou o ódio, o ódio de chandala, a essa "humanidade", onde se tornou religião, se tornou *gênio*... Sob essa perspectiva, os Evangelhos são um documento de primeira grandeza; mais ainda o livro de Enoque. – O cristianismo, cuja raiz é judaica e só é compreensível como planta desse solo, representa o *movimento contrário* a toda moral do cultivo, da raça, do privilégio – ele é a religião *antiariana* por excelência: o cristianismo é a transvaloração de todos os valores arianos, a vitória dos valores chandalas, o evangelho pregado aos pobres, ao populacho, a revolta conjunta de todos os pisoteados, miseráveis, malogrados e prejudicados contra a "raça" – a vingança imortal dos chandalas na forma de *religião do amor*...

5.

A moral do *cultivo* e a moral da *domesticação* são perfeitamente dignas uma da outra quanto aos meios de se impor: podemos estabelecer a tese suprema de que para *fazer* moral é preciso ter a vontade incondicional do contrário. Este é o grande, o *monstruoso* problema que por mais tempo investiguei: a psicologia dos "melhoradores" da humanidade. Um fato pequeno e, no fundo, modesto, o da chamada *pia fraus**, me deu o primeiro acesso a esse problema: a *pia fraus*, o patrimônio de todos os filósofos e sacerdotes que "melhoraram" a humanidade. Nem Manu nem Platão, nem Confúcio nem os mestres judaicos e cristãos alguma vez duvidaram de seu *direito* à mentira.

* Fraude piedosa. Ou seja, mentira proferida com boas intenções.

Eles não duvidaram de *direitos muito diferentes*... Poderíamos dizer numa fórmula: até o presente, *todos* os meios pelos quais a humanidade deveria se tornar moral foram radicalmente *imorais*.

O QUE FALTA AOS ALEMÃES

1.

Hoje não basta ter espírito entre alemães: ainda é preciso tomá-lo, *atrever-se* a ele...

Talvez eu conheça os alemães, talvez até possa lhes dizer algumas verdades. A nova Alemanha mostra uma grande quantidade de capacidades herdadas e adquiridas, de modo que, por algum tempo, ela pode gastar até prodigamente o patrimônio de energia acumulado. O que chegou ao poder com ela *não* é uma cultura elevada, muito menos um gosto delicado, uma nobre "beleza" dos instintos; porém, virtudes *mais viris* do que qualquer outro país europeu possa ostentar. Muito otimismo e consideração para consigo, muita segurança no trato, na reciprocidade dos deveres, muita laboriosidade, muita perseverança – e uma moderação herdada que mais precisa ser espicaçada do que contida. Acrescento que na Alemanha ainda se obedece sem que a obediência humilhe... E ninguém despreza seu adversário...

Percebe-se que é meu desejo ser justo com os alemães: não gostaria de ser inconsequente quanto a isso – também preciso, portanto, lhes fazer minha objeção. Paga-se caro por chegar ao poder: o poder *imbeciliza*... Os alemães – outrora eram chamados de povo de pensadores: será que ainda pensam hoje? – Agora os alemães se entediam com o espírito, desconfiam dele, a política devora toda a seriedade para coisas realmente espirituais – "Alemanha, Alemanha acima de tudo"*, temo que isso tenha sido o fim da filosofia alemã... "Há filósofos alemães? Há poetas alemães? Há *bons* livros alemães?" – perguntam-me no exterior. Eu enrubesço, mas respondo com a valentia que me é própria também nos casos desesperados: "Sim, *Bismarck*!" – Seria lícito também confessar que livros são lidos hoje em dia?... Maldito instinto da mediocridade!

2.

Quem já não teve seus pensamentos melancólicos sobre o que o espírito alemão *poderia* ser? Mas esse povo se imbecilizou voluntariamente há quase um milênio: em lugar algum se abusou de modo mais vicioso dos dois grandes narcóticos europeus, o álcool e o cristianismo. Recentemente se somou a eles ainda um terceiro, a música, nossa música alemã constipada e constipadora, que, por si só, já basta para arruinar toda vivacidade sutil e ousada do espírito. – Quanta gravidade aborrecida, torpor, umidade, roupão, quanta *cerveja* há na intelectualidade alemã! Como é possível que jovens que consagram sua existência aos fins mais espirituais não percebam em si o primeiro instinto da espiritualidade, *o instinto de autoconservação do espírito* – e bebam cerveja?... O alcoolismo da juventude erudita talvez não chegue a ser um ponto de interrogação quanto à sua erudição – é possível ser um grande erudito mesmo sem espírito –, mas, sob qualquer outro aspecto, continua sendo um problema. – E onde não

---

* Primeiro verso do poema "A canção dos alemães" (1841), de August Heinrich Hoffmann von Fallersleben (1798-1874), que se tornou hino oficial alemão em 1922, durante a República de Weimar.

encontraríamos a suave degeneração que a cerveja produz no espírito? Certa vez, num caso que quase se tornou célebre, coloquei o dedo numa dessas degenerações – a degeneração de nosso primeiro livre-pensador alemão, o *sagaz* David Strauss*, em autor de um evangelho de cervejaria e de uma "nova fé"... Não foi à toa que prestou seu juramento em versos à "encantadora morena" – fidelidade até a morte...

3.

Falei do espírito alemão: que se torna mais grosseiro, que se torna raso. Será suficiente? – No fundo, o que me apavora é algo bem diferente: como diminuem cada vez mais a seriedade alemã, a profundidade alemã, a *paixão* alemã nos assuntos do espírito. O *páthos* se modificou, não apenas as faculdades intelectuais. – De vez em quando, entro em contato com universidades alemãs: que atmosfera reina entre seus eruditos, que espiritualidade desoladora, satisfeita e amornada! Seria um profundo mal-entendido se neste ponto alguém quisesse me fazer objeções e mencionasse a ciência alemã – e, além disso, uma prova de que não leu uma palavra do que escrevi. Há dezessete anos não me canso de destacar a influência *desespiritualizadora* de nossa atual faina científica. O duro hilotismo a que a formidável extensão das ciências condena hoje todo indivíduo é uma das principais razões para que naturezas mais plenas, mais ricas, *mais*

---

* Strauss (1808-1874), autor de *A velha e a nova fé*, foi atacado impiedosamente por Nietzsche em sua primeira *Consideração extemporânea*, "David Strauss, o confessor e o escritor", de 1873. "Encantadora morena" é um epíteto de Strauss para a cerveja, que homenageia num poema.

profundas, não encontrem mais educação *e educadores* apropriados. Não há nada de que nossa cultura *mais* padeça que do excesso de indolentes presunçosos e de humanidades fragmentárias; *contra* a vontade, nossas universidades são verdadeiras estufas para essa espécie de estiolamento dos instintos do espírito. E a Europa inteira já tem uma noção disso – a grande política não engana ninguém... A terra dos alemães é considerada cada vez mais a *terra rasa* da Europa. – Ainda *procuro* por um alemão com quem *eu* possa ser sério à minha maneira – e muito mais por um com quem eu possa ser jovial! *Crepúsculo dos ídolos*: ah, quem compreenderia hoje *de que seriedade* um ermitão se refaz aqui! – A jovialidade é o que há de mais incompreensível em nós...

4.

Façamos um cálculo aproximado: não é apenas evidente que a cultura alemã declina; também não falta razão suficiente para tanto. Afinal, ninguém pode gastar mais do que tem – isso vale para indivíduos, isso vale para povos. Se gastarmos nossas energias com o poder, a grande política, a economia, o comércio internacional, o parlamentarismo, os interesses militares – se gastarmos *neste* lado a quantidade de entendimento, seriedade, vontade e autossuperação que somos, então ela faltará do outro. A cultura e o Estado – não nos enganemos quanto a isso – são antagonistas: o “Estado cultural” é só uma ideia moderna. Um vive do outro, um prospera às custas do outro. Todas as grandes épocas da cultura são épocas de decadência política: o que é grande no sentido da cultura foi apolítico, mesmo *antipolítico*. – O coração de Goethe se abriu com o fenômeno Napoleão – ele se *fechou* com as "Guerras de Libertação"... No mesmo momento em que a Alemanha ascende como grande potência, transforma-se a importância da França como *potência cultural*. Já hoje, muita seriedade nova, muita *paixão* nova do espírito se mudou para Paris; a questão do pessimismo, por exemplo, a questão de Wagner, quase todas as questões psicológicas e artísticas, são lá consideradas de uma maneira incomparavelmente mais sutil e mais profunda do que na Alemanha – os alemães são até *incapazes* dessa espécie de seriedade. – Na história da cultura europeia, a ascensão do "Reich" significa sobretudo uma coisa: um *deslocamento do centro de gravidade*. Já se sabe em toda parte: no principal – e isso continua sendo a cultura –, os alemães não entram mais em consideração. Pergunta-se: podeis mostrar pelo menos um espírito *que conte* para a Europa? Que conte como o vosso Goethe, vosso Hegel, vosso Heinrich Heine, vosso Schopenhauer contavam? – Que não haja mais um só filósofo alemão é um fato que provoca assombro sem fim.

5.

O sistema inteiro de educação superior da Alemanha perdeu o principal: o *fim*, bem como o *meio* para alcançar o fim. Esqueceu-se de que a educação, a própria *formação*, é o fim – e *não* "o Reich" –, que para alcançar esse fim se necessita de *educadores* – e *não* de professores ginasiais e eruditos universitários... São necessários educadores que sejam *eles próprios educados*, espíritos superiores, nobres, provados a todo instante, provados pela palavra e pelo silêncio, culturas amadurecidas, *doces* – *não* os eruditos grosseirões que o ginásio e a universidade hoje oferecem aos jovens como "amas superiores". Descontadas as exceções das exceções, *faltam* educadores, a *primeira* precondição da educação: *daí* o declínio da cultura alemã. – Uma dessas raríssimas exceções é meu venerável amigo Jakob Burckhardt, de Basileia: é a ele, em primeiro lugar, que Basileia deve sua precedência em humanidade. – O que as "escolas superiores" da Alemanha efetivamente alcançam é um adestramento brutal que, com o menor dispêndio possível de tempo, visa tornar um grande número de jovens aproveitável, *explorável*, para o serviço do Estado. "Educação superior" e *grande número* – coisas que se contradizem de antemão. Toda educação superior pertence apenas à exceção: é preciso ser privilegiado para ter direito a um privilégio tão elevado. Todas as coisas grandes, belas, nunca podem ser bem comum: *pulchrum est paucorum hominum.** A que *se deve* o declínio da cultura alemã? Ao fato de a "educação superior" não ser mais um *privilégio* – ao democratismo da "formação" que se tornou "geral", que se tornou *ordinária*... Sem esquecer que privilégios militares obrigam formalmente à *frequentação excessiva* – ou seja, à decadência – das escolas superiores. – Ninguém mais tem a liberdade de dar uma educação nobre aos seus filhos na Alemanha atual: nossas escolas "superiores", com seus professores, com seus planos e metas de ensino, estão todas orientadas para a mediocridade mais ambígua. E por toda parte reina uma pressa indecorosa, como se alguma coisa houvesse se perdido se o jovem ainda não estivesse "pronto" aos 23 anos, se ainda não soubesse responder à

---

* O belo é para poucos. Cf. Horácio, *Sátiras*, 1, 9, 44.

"pergunta capital": *qual* profissão? – Homens de um tipo superior, se me permitem dizê-lo, não gostam de "profissões", precisamente porque sabem que têm vocações... Eles têm tempo, tomam tempo para si, de modo algum pensam em ficar "prontos" – com trinta anos, no sentido de uma cultura superior, se é um iniciante, uma criança. – Nossos ginásios superlotados, nossos professores ginasiais sobrecarregados, estupidificados, são um escândalo: para defender essa situação, como fizeram recentemente os professores de Heidelberg, talvez haja *causas* – razões para tanto não há.

6.

Para não renegar minha índole, que é *afirmativa* e apenas indireta, involuntariamente, tem relação com o protesto e a crítica, apresento de imediato as três tarefas para as quais se precisa de educadores. Deve-se aprender a *ver*, deve-se aprender a *pensar*, deve-se aprender a *falar* e a *escrever*: nos três casos, a meta é uma cultura nobre. – Aprender a *ver* – habituar o olho à calma, à paciência, a deixar que as coisas se aproximem; adiar o juízo, aprender a envolver e cercar o caso particular por todos os lados. Esta é a *primeira* preparação para a espiritualidade: *não* reagir imediatamente a um estímulo, mas lançar mão dos instintos que inibem e isolam. Aprender a *ver*, segundo compreendo, é quase aquilo que o modo de falar não filosófico chama de vontade forte: o essencial, aí, é precisamente *não* "querer", é *poder* suspender a decisão. Toda falta de espiritualidade, toda vulgaridade, repousa sobre a incapacidade de resistir a um estímulo – é *preciso* reagir, segue-se cada impulso. Em muitos casos, semelhante coação já é patologia, declínio, sintoma de esgotamento – quase tudo que a rudeza não filosófica designa pelo nome de "vício" é apenas essa incapacidade fisiológica de *não* reagir. – Uma aplicação de ter aprendido a ver: na condição de *aprendiz*, a pessoa terá, sobretudo, se tornado lenta, desconfiada, resistente. Será com uma calma hostil, de início, que deixará o estranho, o *novo* de qualquer espécie, se aproximar – ela recolherá sua mão. Manter todas as portas abertas, ficar deitado servilmente de bruços diante de qualquer pequeno fato, estar sempre pronto a se colocar, a se *lançar*, em outras pessoas e outras coisas, em resumo, a famosa "objetividade" moderna, é mau gosto, é *não nobre* por excelência.

7.

Aprender a *pensar*: não se tem mais noção disso em nossas escolas. Mesmo nas universidades, inclusive entre os verdadeiros eruditos da filosofia, a lógica começa a se extinguir como teoria, como prática, como *ofício*. Leia-se livros alemães: nem sequer a mais remota lembrança de que para pensar se necessita de uma técnica, de um plano de ensino, de uma vontade de alcançar a mestria – de que pensar deve ser aprendido como se aprende a dançar, *como* uma espécie de dança... Quem, entre alemães, ainda conhece por experiência aquele arrepio sutil que os *pés leves* nas coisas do espírito fazem transbordar em todos os músculos? – A acanhada patetice dos gestos espirituais, a mão *tosca* ao pegar – isso é alemão em tal grau que no estrangeiro é confundido com a própria essência alemã. O alemão não tem *dedos* para nuances... O fato de os alemães terem suportado os seus filósofos, sobretudo o mais deformado aleijão conceitual que jamais existiu, o *grande* Kant, dá uma ideia nada pequena da graça alemã. – A *dança* em todas as suas formas não pode ser descontada da *educação nobre*; o poder dançar com os pés, com os conceitos, com as palavras; ainda é necessário que eu diga que é preciso poder fazê-lo com a *pena* – que é preciso aprender a *escrever*? – Neste ponto, porém, eu me tornaria um completo enigma para leitores alemães...

Incursões de um extemporâneo

1.

Meus impossíveis. – *Sêneca*: ou o toureiro da virtude. – *Rousseau*: ou o retorno à natureza *in impuris naturalibus*. – *Schiller*: ou o trompetista moral de Säckingen. – *Dante*: ou a hiena que *faz poesia* nos túmulos. – *Kant*: ou a *cant* como caráter inteligível. – *Victor Hugo*: ou o farol no mar do absurdo. – *Liszt*: ou a escola da agilidade – atrás das mulheres. – *George Sand*: ou *lactea ubertas*; dito claramente: a vaca leiteira com "belo estilo". – *Michelet*: ou o entusiasmo que tira o casaco... – *Carlyle*: ou pessimismo como almoço regurgitado. – *John Stuart Mill*: ou a clareza ofensiva. – *Os irmãos Goncourt*: ou os dois Ajaxes em luta contra Homero. Música de Offenbach. – *Zola*: ou "a alegria de feder".*

---

* Lúcio Aneu Sêneca (4 a.C.-65 d.C.): tragediógrafo e filósofo romano. No fragmento póstumo 25 [347] da primavera de 1884 (conforme a edição crítica das obras de Nietzsche organizada por G. Colli e M. Montinari), encontramos uma explicação para o epíteto: "Sêneca, uma culminação da mendacidade moral antiga – um respeitável espanhol, como Gracián". Sêneca nasceu na Espanha, tal como o jesuíta e moralista Balthasar Gracián (1601-1658).

Jean-Jacques Rousseau (1712-1778): defendia a ideia de que a sociedade corrompe o homem e que este só é livre, saudável e feliz na natureza.

Friedrich Schiller (1759-1805): poeta e dramaturgo alemão, expoente do movimento romântico *Sturm und Drang* (Tempestade e Ímpeto). O qualificativo encerra uma dupla alusão: por um lado, é uma provável referência ao ensaio de Schiller "O palco considerado como instituição moral"; por outro, alude ao poema "O trompetista de Säckingen", de Joseph Viktor von Scheffel (1826-1886), autor que alcançou imenso prestígio na época da unificação alemã, em 1871.

(continua na p. 76)

(continuação da p. 75) Dante Alighieri (1265-1321): poeta italiano, autor de *A divina comédia*.

Immanuel Kant (1724-1804): em inglês, *cant* significa hipocrisia. Na *Genealogia da moral* (Terceira dissertação, seção 12), Nietzsche explica como entende a expressão kantiana "caráter inteligível": "Em Kant, 'caráter inteligível' significa um tipo de constituição das coisas do qual o intelecto compreende apenas que ele é – *inteiramente incompreensível* ao intelecto".

Victor Hugo (1802-1885): escritor francês.

Franz Liszt (1811-1886): compositor e intérprete célebre pelo seu virtuosismo pianístico e por suas conquistas amorosas.

George Sand (1804-1876): pseudônimo da escritora francesa Aurore Dupin. A expressão *lactea ubertas*, usada por Quintiliano (c.35-c.100) para se referir ao estilo do historiador Tito Lívio (*illa Livii lactea ubertas*, "essa copiosidade de Lívio, pura como o leite", *Instituições oratórias*, 10, 1, 32), é transformada por Nietzsche em zombaria: "abundância de leite". O epíteto de "vaca leiteira" se baseia, provavelmente, nas leituras do *Diário* dos irmãos Goncourt (II, 25): "Madame Sand, uma esfinge ruminante, uma vaca sagrada", segundo informam Colli e Montinari.

Jules Michelet (1798-1874): historiador francês. Os fragmentos póstumos 26 [403] de 1884 e 38 [6] de junho-julho de 1885 esclarecem: "*Michelet*: simpatia suarenta, alguma coisa plebeia nele, como se tirasse o casaco antes de começar um trabalho"; "em seu trato e em sua veneração dos homens do passado há muita imodéstia; até me parece, às vezes, que ele se lança com tal exaltação ao seu trabalho sentimental que precisa tirar o casaco."

Thomas Carlyle (1795-1881): historiador da literatura e filósofo escocês. Cf. a seção 12 destas "Incursões".

John Stuart Mill (1806-1873): filósofo inglês.

Edmond (1822-1896) e Jules de Goncourt (1830-1870): escritores franceses. Segundo Colli e Montinari, no terceiro volume dos *Diários* consta: "...tenho mais prazer ao ler Hugo que Homero". Ainda que Nietzsche os chame de "impossíveis", há muitos traços da leitura dos *Diários* nos aforismos de "Ditos e setas" e nas primeiras seções destas "Incursões".

Jacques Offenbach (1819-1880): compositor teuto-francês.

Émile Zola (1840-1902): escritor naturalista francês. Para Nietzsche, o naturalismo cheirava mal: o epíteto é uma paródia do título de um romance de Zola, *A alegria de viver*. Já num fragmento póstumo do outono de 1881, o de número 12 [2], consta: "a *sobremesa intelectual* agora para muitos: Gorgon-Zola".

2.

Renan. – Teologia, ou a corrupção da razão pelo "pecado original" (o cristianismo). Prova disso é Renan, que, tão logo arrisca um sim ou um não de caráter mais geral, erra o alvo com regularidade embaraçosa. Ele gostaria, por exemplo, de unificar *la science* e *la noblesse*: mas *la science* pertence à democracia, isso é algo palpável. Com ambição nada pequena, ele deseja representar um aristocratismo do espírito: mas, ao mesmo tempo, está de joelhos, e não só de joelhos, diante da doutrina contrária, o *évangile des humbles*...[*] De que adiantam todo livre-pensamento, toda modernidade, toda zombaria e toda flexibilidade de oportunista[**] se com suas entranhas ainda se continua cristão, católico e até sacerdote! A inventividade de Renan, exatamente como um jesuíta e um confessor, está na sedução; à sua espiritualidade não falta o sorriso largo de padreco – como todos os sacerdotes, ele só se torna perigoso quando ama. Ninguém se iguala a ele na maneira mortalmente perigosa de adorar... Esse espírito de Renan, um espírito que *enerva*, é uma fatalidade a mais para a pobre França doente, doente da vontade.

---

* Evangelho dos humildes.

** O termo alemão é *Wendehals*, nome de uma ave – em Portugal chamada de torcicolo – que pode virar seu pescoço em 180º. Segundo Heinz Küpper (*Wörterbuch der deutschen Umgangssprache*, Dicionário do alemão coloquial), o sentido figurado de "oportunista" é corrente desde o século XIX.

3.

*Sainte-Beuve.** – Sem virilidade; cheio de um rancor mesquinho contra todos os espíritos viris. Vaga de um lado para o outro, sutil, curioso, entediado, perscrutador – uma mulher, no fundo, com uma sensibilidade e uma sede de vingança femininas. Como psicólogo, um gênio da *médisance***; inesgotavelmente rico em meios para tanto; ninguém melhor do que ele sabe misturar veneno a um elogio. Plebeu nos instintos mais baixos e aparentado ao *ressentiment* de Rousseau: *logo*, romântico – pois por baixo de todo o *romantisme* grunhe e grita o instinto vingativo de Rousseau. Revolucionário, mas ainda razoavelmente contido pelo medo. Sem liberdade frente a tudo que tem força (opinião pública, Academia***, corte, inclusive Port-Royal). Exasperado com tudo aquilo que é grande nos homens e nas coisas, com tudo que acredita em si. Poeta e meio mulher o bastante para ainda sentir aquilo que é grande como poder; constantemente encolhido como aquele famoso verme, pois se sente constantemente pisado. Como crítico, desprovido de critério, consistência e espinha dorsal, com o paladar do *libertin* cosmopolita para muitas coisas, mas sem a coragem para sequer admitir a *libertinage*. Como historiador, desprovido de filosofia, desprovido do *poder* do olhar filosófico – recusando,

* Charles-Augustin de Sainte-Beuve (1804-1869): escritor francês, autor, entre outras obras, de *Histoire de Port-Royal*. A abadia de Port-Royal foi a sede do jansenismo, heresia de grande influência durante os séculos XVII e XVIII. Os jansenistas advogavam a predestinação, negavam o livre-arbítrio e sustentavam que a natureza humana era por si só incapaz do bem. A designação se deriva de seu formulador, o bispo Cornelius Jansen (1585-1638).

** Maledicência.

*** Academia: Nietzsche se refere à *Académie française*.

por isso, a tarefa de julgar em todos os assuntos capitais, usando a "objetividade" como máscara. Comporta-se de maneira diferente em relação a todas as coisas em que a instância suprema é um gosto refinado, experimentado: neste caso, possui realmente a coragem de ser ele próprio, o gosto em sê-lo – neste caso ele é *mestre*. – Sob alguns aspectos, uma forma prévia de Baudelaire.

4.

A *imitatio Christi*[*] está entre os livros que não seguro sem uma resistência fisiológica: ele exala um *parfum* de eterno-feminino[**] para o qual é preciso ser francês – ou wagneriano... Esse santo tem uma maneira de falar do amor que até as parisienses ficam curiosas. – Dizem-me que aquele *sagacíssimo* jesuíta, A. Comte, que queria levar seus franceses a Roma pelo *desvio* da ciência, se inspirou nesse livro. Eu acredito: "a religião do coração"...

5.

G. Eliot. – Eles se livraram do deus cristão e agora acreditam com fervor tanto maior que precisam conservar a moral cristã: eis uma dedução *inglesa*, não a levemos a mal nas mulherzinhas morais *à la* Eliot. Na Inglaterra, para cada pequena emancipação da teologia se deve recuperar a honra de maneira aterradora na condição de fanático moral. Essa é a *penitência* que lá se paga. – Vemos as coisas de outra maneira. Quando se renuncia à fé cristã, se perde o *direito* de apoiar os pés no solo da moral cristã.

---

* Nietzsche se refere à *Imitação de Cristo*, obra do místico Thomas a Kempis (1379-1471).

** Eterno-feminino: alusão à cena final do *Fausto* de Goethe.

Esta *não* é de modo algum evidente: apesar dos cabeças-ocas ingleses, esse ponto precisa ser sempre ressaltado. O cristianismo é um sistema, uma visão coerente e *global* das coisas. Se arrancarmos dele um conceito capital, a fé em Deus, também despedaçamos o todo: não temos mais uma coisa necessária entre os dedos. O cristianismo pressupõe que o homem não sabe, não *pode* saber, o que é bom e o que é mau para ele: acredita em Deus, o único sabedor. A moral cristã é uma ordem; sua origem é transcendente; ela está além de toda crítica, de todo direito à crítica; apenas contém verdade caso Deus seja a verdade – ela depende inteiramente da fé em Deus. – Se os ingleses de fato acreditam saber por si mesmos, "intuitivamente", o que é bom e mau, se acham, por conseguinte, que não precisam mais do cristianismo como garantia da moral, então esse fato mesmo é meramente a *consequência* do domínio do juízo de valor cristão e uma expressão da *força* e da *profundidade* desse domínio: de modo que a origem da moral inglesa foi esquecida, de modo que o caráter deveras condicionado de seu direito à existência não é mais notado. Para o inglês, a moral ainda não é um problema...

6.

George Sand. – Li as primeiras *Lettres d'un voyageur**: como tudo que provém de Rousseau, falsas, afetadas, inchadas, exageradas. Não suporto esse estilo colorido, próprio de papel de parede; tampouco a ambição plebeia de sentimentos generosos. O pior, todavia, é o coquetismo feminino com modos masculinos, com

---

* *Cartas de um viajante*, obra de Sand.

maneiras de adolescente malcriado. – Como deve ter sido fria essa artista insuportável! Dava-se corda como a um relógio – e escrevia... Fria como Hugo, como Balzac, como todos os românticos sempre que escreviam! E com que presunção devia ficar estendida ao fazê-lo, essa fértil vaca de escrever que tinha algo de alemão no mau sentido da palavra, assim como o próprio Rousseau, seu mestre, e que, em todo o caso, só foi possível com o declínio do gosto francês! – Mas Renan a venera...

7.

Moral para psicólogos. – Não praticar psicologia barata! Jamais observar *por* observar! Isso resulta em uma ótica falsa, em estrabismo, em algo forçado e exagerado. Vivenciar como *querer* vivenciar – isso não funciona. Não é *lícito* olhar para si mesmo durante uma vivência, cada olhar se transforma em "mau-olhado". Um psicólogo nato evita instintivamente olhar por olhar; o mesmo vale para o pintor nato. Ele nunca trabalha "segundo a natureza" – ele deixa aos seus instintos, à sua *camera obscura*, a filtragem e a expressão do "caso", da "natureza", do "vivido"... À sua consciência chega apenas o *universal*, a conclusão, o resultado: ele não conhece aquela abstração arbitrária do caso individual. – Qual o resultado se agirmos de outro modo? Se, por exemplo, praticarmos psicologia barata em grande e pequena escala à maneira dos *romanciers* parisienses? *Ela* espreita, por assim dizer, a realidade, *ela* traz para casa um punhado de curiosidades toda noite... Mas veja-se o resultado – um monte de borrões; no melhor dos casos, um mosaico, e, em todo o caso, algo composto, inquieto, de cores berrantes. O pior aí é alcançado pelos

Goncourt: não escrevem três frases que simplesmente não firam os olhos, os olhos do *psicólogo*. – A natureza, estimada artisticamente, não é um modelo. Ela exagera, ela deforma, ela deixa lacunas. A natureza é o *acaso*. O estudo "segundo a natureza" me parece um péssimo sinal: revela submissão, fraqueza, fatalismo – ficar deitado na poeira diante de *petits faits** é indigno de um artista *inteiro*. Ver *aquilo que é* – isso é próprio de uma outra classe de espíritos, os *antiartísticos*, os fatuais. É preciso saber *quem* se é...

8.

Da psicologia do artista. – Para que exista arte, para que exista algum fazer e contemplar estético, é imprescindível uma condição fisiológica: a *embriaguez*. A embriaguez precisa inicialmente ter intensificado a excitabilidade da máquina inteira: antes disso não se chega a arte alguma. Todos os tipos de embriaguez, por mais distintamente condicionados que sejam, têm força para tanto: sobretudo a embriaguez da excitação sexual, a mais antiga e mais originária forma de embriaguez. Da mesma maneira, a embriaguez que segue todos os grandes apetites, todos os afetos intensos; a embriaguez da festa, da competição, da façanha, da vitória, todo movimento extremo; a embriaguez da crueldade; a embriaguez na destruição; a embriaguez influenciada por certas condições meteorológicas, por exemplo, a embriaguez primaveril; ou influenciada por narcóticos; por fim, a embriaguez da vontade, a embriaguez de uma vontade acumulada e intumescida. – O essencial na embriaguez é o sentimento

---

* Pequenos fatos.

de plenitude e de intensificação da força. É a partir desse sentimento que damos às coisas, as *forçamos* a que tomem de nós, as violentamos – esse processo é chamado de *idealização*. Livremo-nos aqui de um preconceito: a idealização *não* consiste, como geralmente se acredita, em tirar ou subtrair o que é pequeno, secundário. O decisivo, antes, é um colossal *transbordar* dos traços principais, de modo que os demais desaparecem.

9.

Nesse estado enriquecemos todas as coisas com a nossa própria plenitude: o que se vê, o que se quer, é visto intumescido, apinhado, enérgico, sobrecarregado de força. O homem que se encontra nesse estado transforma as coisas até que reflitam o seu poder – até que sejam reflexos de sua perfeição. Esse *ter de* transformar em perfeição é – arte. Mesmo tudo aquilo que ele não é se torna, apesar disso, um deleite consigo mesmo; na arte, o homem goza a si próprio como perfeição. – Seria permitido imaginar um estado contrário, um específico estado antiartístico do instinto – um modo de ser que deixasse todas as coisas pobres, rarefeitas, esgotadas. E, de fato, a história é rica em tais antiartistas, em tais esfomeados da vida: aqueles que necessariamente precisam se apossar das coisas, consumi-las, deixá-las *mais magras*. Esse é o caso, por exemplo, do cristão genuíno, o caso de Pascal, por exemplo: *não existe* cristão que seja ao mesmo tempo artista... E que ninguém seja infantil e me venha com Rafael ou algum cristão homeopático do século XIX: Rafael era afirmador, Rafael *agia* de modo afirmativo; logo, não era cristão...

10.

O que significa a oposição conceitual que introduzi na estética, a oposição entre os conceitos de *apolíneo* e *dionisíaco*, ambos compreendidos como espécies de embriaguez? – A embriaguez apolínea mantém excitado sobretudo o olho, de modo que ele recebe a força visionária. O pintor, o escultor e o poeta épico são visionários *par excellence*. No estado dionisíaco, por outro lado, o sistema inteiro de afetos é excitado e intensificado, de modo que descarrega todos os seus recursos expressivos de uma só vez e libera ao mesmo tempo a força de representar, imitar, transfigurar e transformar, bem como toda espécie de mímica e teatralidade. O essencial é a facilidade de metamorfose, a incapacidade de *não* reagir (de modo semelhante a certos histéricos, que também assumem *qualquer* papel a qualquer indicação). É impossível ao homem dionisíaco não compreender alguma sugestão, ele não ignora nenhum sinal do afeto, ele tem o grau mais alto de instinto compreensivo e divinatório, tal como possui o grau mais alto da arte de comunicar. Ele entra em qualquer pele, em qualquer afeto: ele se metamorfoseia sem cessar. – A música, tal como hoje a compreendemos, é também uma excitação e uma descarga geral dos afetos, contudo apenas o resto de um mundo expressivo do afeto muito mais pleno, um mero *residuum* do histrionismo dionisíaco. Para possibilitar a música como arte específica, alguns sentidos, sobretudo o muscular, foram paralisados (pelo menos relativamente: pois, em certo grau, todo ritmo ainda fala aos nossos músculos): de modo que o homem não mais imita e não mais representa de imediato corporalmente tudo aquilo que sente. Contudo, *esse* é o estado normal propriamente dionisíaco, pelo menos o estado primordial; a música é a especificação lentamente alcançada desse estado à custa das faculdades que lhe são aparentadas de modo mais estreito.

11.

O ator, o mimo, o bailarino, o músico e o poeta lírico são profundamente aparentados em seus instintos e, em si, são um só, porém especializados de forma gradativa e separados um do outro – chegando inclusive à oposição. O poeta lírico permaneceu por mais tempo unido ao músico; o ator, ao bailarino. – O *arquiteto* não representa um estado dionisíaco nem apolíneo: o que exige arte neste caso é o grande ato da vontade, a vontade que move montanhas, a embriaguez da grande vontade. Os homens mais poderosos sempre inspiraram os arquitetos; o arquiteto sempre esteve sob a sugestão do poder. No edifício devem se tornar visíveis o orgulho, a vitória sobre a gravidade, a vontade de poder; a arquitetura é uma espécie de eloquência do poder expressa em formas, ora persuasiva e até lisonjeira, ora meramente imperiosa. O mais elevado sentimento de poder e de segurança ganha expressão naquilo que tem *grande estilo*. O poder que não precisa mais de provas; que desdenha agradar; que dificilmente responde; que não percebe testemunhas à sua volta; que vive sem a consciência de que existe oposição a ele; que descansa em *si*, fatalista, uma lei entre leis: é *isso* que fala de si na condição de grande estilo.

12.

Li a biografia de *Thomas Carlyle*, essa *farce* inconsciente e involuntária, essa interpretação heroico-moral de estados dispépticos. – Carlyle, um homem de palavras e poses enérgicas, um retórico por *necessidade*, constantemente agastado pelo desejo de ter uma fé forte *e* pelo sentimento da incapacidade para tanto (um romântico típico!). O desejo de ter uma fé forte *não* é a prova dessa fé, mas antes o contrário. *Caso a tenha*, o indivíduo pode se permitir o belo luxo de ser cético: ele é seguro o bastante, firme o bastante, consistente o bastante para tanto. Carlyle atordoa alguma coisa dentro de si através do *fortissimo* de sua veneração por homens de fé forte e através de sua cólera contra os menos simplórios: ele *precisa* de barulho. Uma *desonestidade* consigo mesmo constante e passional – esse é o seu *proprium*, com isso ele é e continua sendo interessante. – Todavia, na Inglaterra ele é admirado justamente por sua honestidade... Bem, isso é inglês; e considerando que os ingleses são o povo da *cant* perfeita, até justo, e não apenas compreensível. No fundo, Carlyle é um ateu inglês que procura sua honra em *não* sê-lo.

13.

Emerson. – Muito mais esclarecido, mais errante, mais variado e mais refinado que Carlyle, sobretudo mais feliz... Alguém que se alimenta instintivamente apenas de ambrosia, que deixa para trás o que há de indigesto nas coisas. Comparado a Carlyle, um homem de gosto. – Carlyle, que muito o apreciava, não obstante dizia dele: "Não *nos* dá o suficiente para morder": o que pode ser dito com razão, mas não em detrimento de Emerson. – Emerson tem aquela jovialidade benévola e espirituosa que desencoraja toda seriedade; ele simplesmente não sabe quão velho já é e quão jovem ainda será – usando uma frase de Lope de Vega, ele poderia dizer de si próprio: "*Yo me sucedo a mí mismo*". Seu espírito sempre encontra razões para estar contente e mesmo agradecido; e às vezes ele roça a transcendência jovial daquele homem de bem que voltou de um encontro amoroso *tamquam re bene gesta*. "*Ut desint vires*", disse agradecido, "*tamen est laudanda voluptas*".*

14.

Anti-Darwin. – No que se refere à famosa "luta pela *vida*", me parece por enquanto mais afirmada do que provada. Ela acontece, mas excepcionalmente; o aspecto global da vida *não* é a situação de emergência, a situação de fome, porém antes a riqueza, a abundância, mesmo o desperdício absurdo – onde se luta, luta-se por *poder*... Não se deve confundir Malthus** com a natureza. – Supondo, contudo, que essa luta exista – e, de fato, ela acontece –, por desgraça ela acaba de maneira inversa à desejada pela escola de Darwin, de maneira inversa a que talvez *pudéssemos* desejar juntamente com essa escola: a saber, em detrimento dos fortes, dos privilegiados, das exceções felizes. As espécies *não* crescem em perfeição: os fracos sempre voltam a se tornar senhores dos fortes – pois são o grande número, e também são *mais sagazes*...

---

* *Tamquam...*: como de uma coisa bem feita. *Ut desint...*: Ainda que faltem forças, há, contudo, que louvar o prazer. Distorção jocosa de Ovídio (*Epístolas do ponto*, 3, 4, 79): Nietzsche substitui *voluntas* (vontade) por *voluptas* (prazer, volúpia).

** Thomas R. Malthus (1766-1834): economista inglês que defendia a prática da continência sexual voluntária, invocando a disparidade entre o crescimento demográfico e a produção de alimentos.

Darwin esqueceu-se do espírito (isto é inglês!), *os fracos têm mais espírito*... É preciso ser carente de espírito para adquiri-lo – ele se perde quando não se necessita mais dele. Quem possui força, prescinde do espírito ("Deixe que se vá!", se pensa hoje na Alemanha, "ainda temos o *Reich*"...*). Entendo por espírito, como se vê, a cautela, a paciência, a astúcia, a dissimulação, o grande autodomínio e tudo que é *mimicry*** (cabe a este uma grande parte da chamada virtude).

15.

Casuística de psicólogos. – Eis um conhecedor dos seres humanos: para que, propriamente, os estuda? Ele quer tirar pequenas vantagens deles, ou mesmo grandes – ele é um político!... Aquele ali também é um conhecedor dos seres humanos: e os senhores afirmam que não quer nada para si com isso, que é um grande "impessoal". Prestem mais atenção! Talvez ele queira inclusive uma vantagem *muito mais séria:* sentir-se superior às pessoas, poder olhá-las de cima, não ser mais confundido com elas. Esse "impessoal" é um *desprezador* dos seres humanos: e o primeiro é a espécie mais humana, pouco importando o que digam as aparências. Ele ao menos se coloca no mesmo nível, se coloca *dentro*...

---

* Alusão aos últimos versos do hino *Um castelo forte é o nosso Deus*, de Martinho Lutero. Como bem observa o tradutor espanhol Andrés Sánchez Pascual (*El crepúsculo de los ídolos*, Alianza, 2007), Lutero naturalmente se refere ao "reino de Deus", enquanto Nietzsche alude ao Reich alemão.

** *Mimicry:* mimetismo.

16.

O *tato psicológico* dos alemães me parece posto em questão por toda uma série de casos cujo catálogo minha modéstia impede de apresentar. Em um caso não me faltará uma grande oportunidade para fundamentar minha tese: guardo rancor aos alemães por haverem se enganado sobre *Kant* e sua "filosofia da porta dos fundos"*, como a chamo – isso *não* foi modelo de honestidade intelectual. – Outra coisa que não consigo ouvir é um famigerado "e": os alemães dizem "Goethe *e* Schiller" – temo que digam "Schiller e Goethe"... Será que ainda não se *conhece* esse Schiller? – Há "es" ainda piores; ouvi com meus próprios ouvidos, contudo apenas entre professores universitários, "Schopenhauer *e* Hartmann"...**

---

* Na *Crítica da razão pura*, Kant demonstra que nosso conhecimento do mundo é limitado, por um lado, pelos nossos sentidos, que só apreendem objetos situados no espaço e no tempo, e por outro, pelo nosso entendimento, que, por assim dizer, classifica os dados dos sentidos em categorias como as de qualidade e quantidade. Assim, não se pode afirmar que um objeto como "Deus" tenha existência, bem como, inversamente, que não a tenha, pois só apreendemos o mundo como *fenômeno*, ou seja, conforme ele nos *aparece*, e não como *de fato é*, como *coisa em si*. Esse limite imposto à *razão pura* não significa, contudo, que a *razão prática* não possa lançar mão de conceitos como "Deus" e "imortalidade da alma", admitidos pelo filósofo como "ideias reguladoras", o que significa que do ponto de vista da razão prática devemos agir *como se* Deus existisse e *como se* a alma fosse imortal. É essa cisão entre razão pura e prática que valeu à filosofia de Kant a alcunha mordaz de "filosofia da porta dos fundos": Kant teria expulsado Deus pela porta da frente (da razão pura) de seu edifício filosófico para readmiti-lo pela porta dos fundos (da razão prática), procedimento que Nietzsche classifica de intelectualmente desonesto.

** Eduard von Hartmann (1842-1906): filósofo alemão, autor, entre outras obras, de *A filosofia do inconsciente*.

17.

Os homens mais espirituais, supondo que sejam os mais corajosos, também vivem, de longe, as tragédias mais dolorosas: mas justamente por isso eles honram a vida, por lhes oferecer a sua maior oposição.

18.

Da "consciência intelectual". – Nada hoje me parece mais raro do que a genuína hipocrisia. É grande a minha suspeita de que a atmosfera amena de nossa cultura não é propícia para essa planta. A hipocrisia tem lugar nas épocas de fé forte: em que, mesmo com a *obrigação* de ostentar uma outra fé, as pessoas não abandonavam aquela que tinham. Hoje elas a abandonam; ou, o que é ainda mais comum, juntam a ela uma segunda – seja como for, a pessoa continua *honesta*. Hoje, sem dúvida, é possível um número de convicções muito maior do que outrora: possível, ou seja, permitido, ou seja, *inofensivo*. Daí provém a tolerância em relação a si próprio. – Essa tolerância permite várias convicções: elas vivem juntas pacificamente – elas evitam, como todo mundo hoje, se comprometer. Quando alguém se compromete hoje? Quando é consequente. Quando anda em linha reta. Quando suas palavras têm menos de cinco sentidos. Quando é genuíno... É grande meu medo de que o homem moderno simplesmente seja acomodado demais para alguns vícios: de modo que estes praticamente se extingam. Todas as coisas más que dependem da vontade forte – e talvez não haja coisas más sem a força da vontade – degeneram, na nossa atmosfera morna, em virtude... Os poucos hipócritas que conheci imitavam a hipocrisia: eram, como hoje em dia quase toda pessoa em cada dez, atores.

19.

Belo e feio. – Nada é mais condicionado, digamos *mais limitado*, do que o nosso sentimento do belo. Quem quisesse pensá-lo separado do prazer que o ser humano sente consigo próprio, perderia de imediato o solo debaixo dos pés. O "belo em si" é meramente uma expressão, não é sequer um conceito. No belo, o ser humano define a si mesmo como medida da perfeição; em casos escolhidos, adora nele a si próprio. Uma espécie não *pode* absolutamente dizer sim a si mesma senão dessa forma. Seu instinto *mais básico*, o da autoconservação e da autopropagação, se irradia mesmo em tais sublimidades. O homem acredita que o mundo está cumulado de beleza – *esquece* que ele próprio é a causa disso. Somente ele lhe presenteou a beleza, ah, apenas uma beleza muito humana, demasiado humana... No fundo, o homem se espelha nas coisas, ele julga belo tudo aquilo que devolve sua imagem: o juízo "belo" é a *vaidade da sua espécie*... Pois uma pequena suspeita pode sussurrar ao ouvido do cético a seguinte pergunta: o mundo estaria realmente embelezado pelo fato de logo o homem considerá-lo belo? Ele o *humanizou:* isso é tudo. Mas nada, absolutamente nada, nos garante que logo o homem seja o modelo do belo. Quem sabe como se apresentaria aos olhos de um juiz superior do gosto? Talvez atrevido? Talvez até divertido? Talvez um pouco arbitrário?... "Oh, Dioniso, ser divino, por que puxas minhas orelhas?", perguntou Ariadne certa vez num daqueles célebres diálogos de Naxos ao seu filosófico amante. "Acho uma espécie de graça nas tuas orelhas, Ariadne: por que elas não são ainda mais longas?"*

20.

Nada é belo, apenas o homem é belo: sobre essa ingenuidade repousa toda estética, ela é sua *primeira* verdade. Acrescentemos de imediato a segunda: nada é feio, a não ser o homem que *degenera* – com isso estão demarcadas as fronteiras do reino do juízo estético. – De uma perspectiva fisiológica, tudo o que é feio enfraquece e entristece o homem. Lembra-lhe declínio, perigo, impotência; ele realmente perde força na sua presença. O efeito do feio pode ser medido com o dinamômetro. Quando o homem se deprime, é porque percebe a proximidade de algo "feio". Sua sensação de poder, sua vontade de poder, sua coragem, seu orgulho – eles baixam com o feio e sobem com o belo... Tanto num caso quanto noutro, *tiramos uma conclusão:* as premissas dela estão acumuladas no instinto em abundância gigantesca. O feio é entendido como um sinal e um sintoma de degenerescência: aquilo que lembrar degenerescência, por mais remotamente que seja, produz em nós o juízo "feio". Todo indício de esgotamento, de gravidade, de velhice, de cansaço, toda espécie de ausência de liberdade sob a forma de convulsão, de paralisia, sobretudo o cheiro, a cor e a forma da dissolução, da decomposição, ainda que, na sua derradeira rarefação, transformada em símbolo – tudo isso produz a mesma reação, o juízo de valor "feio". O que aí irrompe

* Diálogos de Naxos: segundo o fragmento póstumo 9 [115] do outono de 1887, Nietzsche imaginou breves diálogos (apenas esboçados) entre Teseu, Dioniso e Ariadne como epílogo do que seria "o livro perfeito".

é *ódio**: o que o homem odeia? Mas não resta dúvida: o *declínio de seu tipo*. Ele odeia aí a partir do mais profundo instinto da espécie; nesse ódio há calafrio, cautela, profundidade, perspicácia – é o ódio mais profundo que há. Por sua causa, a arte é *profunda*...

21.

Schopenhauer. – Schopenhauer, o último alemão que entra em consideração (que é um acontecimento *europeu* igual a Goethe, a Hegel, a Heinrich Heine, e *não meramente* local, "nacional"), é um caso de primeira categoria para um psicólogo: a saber, como tentativa malignamente genial de alegar em favor de uma total depreciação niilista da vida justamente as instâncias contrárias, as grandes autoafirmações da "vontade de vida", as formas exuberantes da vida. Ele interpretou, sucessivamente, a *arte*, o heroísmo, o gênio, a beleza, a grande compaixão, o conhecimento, a vontade de verdade e a tragédia como consequências da "negação" ou da necessidade de negação da "vontade" – descontando-se o cristianismo, a maior falsificação psicológica da história. Olhando com mais atenção, nisso ele é meramente o herdeiro da interpretação cristã: só que ele ainda soube *aprovar* em um sentido cristão, isto é, niilista, até aquilo que o cristianismo *rejeitou*, os grandes fatos culturais da humanidade (ou seja, como caminhos para a "redenção", como formas prévias da "redenção", como estimulantes da necessidade de "redenção"...).

---

* Em alemão, ódio (*Hass*) e feio (*hässlich*) possuem a mesma raiz etimológica.

22.

Tomo um caso isolado. Schopenhauer fala da *beleza* com um ardor melancólico – por que, em última análise? Porque vê nela uma *ponte* sobre a qual se chega mais longe, ou se fica com sede de chegar mais longe... Ela é, para ele, a redenção da "vontade" por instantes – ela seduz à redenção para sempre... Ele a louva, em especial, como redentora do "foco da vontade", da sexualidade – na beleza ele vê *negado* o impulso procriador... Que santo esquisito! Alguém te contradiz, e temo que seja a natureza. *Para que*, afinal, existe beleza no som, na cor, no cheiro e no movimento rítmico da natureza? O que *dissemina* a beleza? – Felizmente, um filósofo também o contradiz. Ninguém menos que uma autoridade como a do divino Platão (chamado assim pelo próprio Schopenhauer) sustenta outra tese: a de que toda beleza incita à procriação – de que isso é justamente o *proprium* de seu efeito, do que há de mais sensual ao que há de mais espiritual...*

23.

Platão vai mais longe. Com uma inocência para a qual é preciso ser grego e não "cristão", ele diz que não haveria qualquer filosofia platônica se em Atenas não houvesse jovens tão belos: seria o seu aspecto que deixaria a alma do filósofo num delírio erótico e não lhe daria sossego até que ela tivesse lançado numa terra tão bela a semente de todas as coisas superiores.** Outro santo esquisito! – não se acredita nos próprios ouvidos, mesmo supondo que se acredite em Platão. Adivinha-se, pelo

---

* Cf. Platão, *O banquete*, 206 b-d.

** Cf. Platão, *Fedro*, 249c-256e.

menos, que em Atenas se filosofava de *outra maneira*, sobretudo publicamente. Nada é menos grego do que a fiação de teias de aranha conceituais por parte de um ermitão, o *amor intellectualis dei* à maneira de Espinosa.* A filosofia à maneira de Platão poderia ser definida antes como competição erótica, como aperfeiçoamento e interiorização da antiga ginástica agonal e de seus *pressupostos*... O que se desenvolveu, por fim, a partir desse erotismo filosófico de Platão? Uma nova forma artística da competição grega, a dialética. – Recordo ainda, *contra* Schopenhauer e em honra de Platão, que também toda a cultura e toda a literatura superiores da França *clássica* cresceram no solo do interesse sexual. Podem-se procurar nela por toda parte a galanteria, os sentidos, a competição sexual, a "mulher" – nunca se procurará em vão...

24.

*L'art pour l'art.*** – A luta contra a finalidade na arte é sempre a luta contra a tendência *moralizante* na arte, contra a sua subordinação à moral. *L'art pour l'art* significa: "Para o inferno com a moral!". – Porém, mesmo essa hostilidade revela o predomínio do preconceito. Quando se exclui da arte a finalidade da pregação moral e do melhoramento do homem, ainda falta muito para se concluir que a arte seja algo sem finalidade, sem meta,

---

* Em alemão, jogo de palavras com o nome do filósofo e o substantivo *Spinne*, aranha. Além disso, o verbo cognato *spinnen*, "fiar teias", também significa fantasiar, contar patranhas, não regular bem da cabeça. *Amor intellectualis dei:* amor intelectual a Deus.

** A arte pela arte. Slogan criado pelo filósofo francês Victor Cousin (1792-1867) para a tese de que a arte só pode ser julgada segundo seus próprios critérios, e que foi adotado por uma tendência artística que almejava a separação entre a arte e a vida.

sem sentido, em suma, *l'art pour l'art* – um verme que morde a própria cauda. "Melhor não ter finalidade alguma do que ter uma finalidade moral!" – assim fala a mera paixão. Um psicólogo, em compensação, pergunta: o que faz toda arte? Ela não louva? Não glorifica? Não escolhe? Não salienta? Com tudo isso, ela *fortalece* ou *enfraquece* certas valorações... É isso apenas algo secundário? Um acaso? Algo em que o instinto do artista absolutamente não toma parte? Ou isso não é o pressuposto para que o artista *possa*...?* O seu instinto mais básico não se dirige para a arte, ou antes, para o sentido da arte, a *vida*? Para uma *aspiração de vida*? – A arte é o grande estimulante da vida: como poderia ser compreendida como desprovida de finalidade, de meta, como *l'art pour l'art*? – Resta uma questão: a arte também traz à tona muitas coisas feias, duras e questionáveis da vida – ela não parece, com isso, tirar o gosto pela vida? – E, de fato, houve filósofos que lhe emprestaram esse sentido: Schopenhauer ensinou que o intuito geral da arte era "livrar da vontade" e venerou o "dispor à resignação" como sendo a grande utilidade da tragédia. – Mas isso – já dei a entender – é ótica de pessimistas e "mau-olhado": é preciso apelar aos próprios artistas. *O que comunica de si o artista trágico?* O que ele mostra não é justamente o estado *sem* medo diante do terrível e do questionável? – Esse estado é algo altamente desejável; quem o conhece, honra-o com as honras supremas. Ele o comunica, *precisa* comunicá-lo, pressupondo que seja um artista, um gênio da comunicação. A valentia e a liberdade do sentimento diante de

---

* Em alemão, o substantivo *Künstler*, artista, relaciona-se etimologicamente aos verbos *können*, poder, e *kennen*, saber, conhecer.

um inimigo poderoso, diante de um infortúnio sublime, diante de um problema que desperta horror – é esse estado *triunfante* que o artista trágico escolhe, que ele glorifica. Diante da tragédia, o que há de guerreiro em nossa alma festeja suas saturnais; quem está habituado ao sofrimento, quem procura sofrimento, o *homem* heroico, enaltece sua existência com a tragédia – apenas a ele o artista trágico serve a bebida dessa dulcíssima crueldade.

25.

Dar-se por satisfeito com as pessoas, manter aberta a casa de seu coração, é liberal, mas apenas liberal. Reconhecemos os corações capazes da hospitalidade *nobre* pelas muitas janelas de cortinas puxadas e venezianas fechadas: eles conservam os seus melhores aposentos vazios. Por que, afinal? – Porque aguardam hóspedes com os quais alguém *não* se "dá por satisfeito"...

26.

Não nos estimamos mais o bastante quando nos comunicamos. Nossas experiências decisivas não são de forma alguma tagarelas. Elas não poderiam comunicar a si próprias caso quisessem. Isso acontece porque lhes falta a palavra. Aquilo para que temos palavras também já ultrapassamos. Em todo falar há um grão de desprezo. A linguagem, parece, foi inventada só para o que é médio, mediano, comunicável. Com a linguagem, já se *vulgariza* aquele que fala. – De uma moral para surdos-mudos e outros filósofos.

27.

"Este retrato é encantadoramente belo!"...* A mulher literata, descontente, agitada, de coração e entranhas estéreis, sempre a ouvir com curiosidade aflitiva o imperativo que sussurra das profundezas de sua estrutura *aut liberi aut libri*: a mulher literata, culta o bastante para compreender a voz da natureza, mesmo quando ela fala em latim, e, por outro lado, vaidosa e tola o bastante para, às escondidas, ainda falar consigo mesma em francês: "*Je me verrai, je me lirai, je m'extasierai et je dirai: Possible, que j'aie eu tant d'esprit?"*...

28.

Os "impessoais" tomam a palavra. – "Nada é mais fácil para nós do que sermos sábios, pacientes, superiores. Destilamos o óleo da indulgência e da compaixão, somos justos de uma maneira absurda, perdoamos tudo. Por isso mesmo, deveríamos nos portar com um pouco mais de austeridade; por isso mesmo, deveríamos *cultivar* de tempos em tempos uma pequena paixão, um pequeno vício passional. Isso poderá ser difícil; talvez riamos entre nós do aspecto que assim oferecemos. Mas de que serve isso! Não nos resta mais qualquer outra espécie de autossuperação: esse é o *nosso* ascetismo, *nossa* penitência"... *Tornar-se pessoal* – a virtude do "impessoal"...

---

* De uma ópera de Mozart, *A flauta mágica* (Ato 1, Cena 4). *Aut liberi aut libri:* ou filhos, ou livros. No final da seção: "Eu me verei, me lerei, me extasiarei e direi: Será possível que tive tanto espírito?", citação de uma carta de Ferdinando Galiani (1728-1787), economista italiano, a Mme. d'Epinay (1726-1783), protetora dos enciclopedistas e de Rousseau.

29.

De um exame de doutorado. – "Qual é a tarefa de todo sistema de ensino superior?" – Fazer do homem uma máquina. – "Qual é o meio para tanto?" – Ele precisa aprender a se aborrecer. – "Como se alcança isso?" – Através do conceito de dever. – "Quem é o seu modelo para tanto?" – O filólogo: ele ensina a *trabalhar feito um boi*. – "Quem é o homem perfeito?" – O funcionário público. – "Que filosofia dá a fórmula suprema para o funcionário público?" – A de Kant: o funcionário público enquanto coisa em si investido na função de juiz do funcionário público enquanto fenômeno.

30.

O direito à estupidez. – O trabalhador cansado e que respira lentamente, de olhar bonachão, que deixa as coisas andar como andam: essa figura típica que agora, na época do trabalho (*e* do "Reich"!), encontramos em todas as classes da sociedade, reivindica hoje precisamente a *arte*, incluindo o livro, sobretudo o jornal – e mais ainda a bela natureza, a Itália... O homem do entardecer, com os "impulsos selvagens adormecidos" de que fala Fausto, necessita do veraneio, do banho de mar, das geleiras, de Bayreuth... Em tais épocas, a arte tem direito à *pura tolice* – como uma espécie de férias para o espírito, o engenho e o ânimo. Wagner entendeu isso. A *pura tolice* restaura...*

---

* Bayreuth é a cidade em que Wagner construiu um teatro para representar suas óperas. Já o verso do *Fausto* a que Nietzsche se refere se encontra na cena *Quarto de estudo*, na primeira parte da tragédia. Quanto à "pura tolice", é uma expressão que alude a Parsifal, o "tolo puro", personagem da ópera wagneriana homônima.

31.

Mais um problema de dieta. – Os expedientes com que Júlio César se defendia de achaques e dores de cabeça: marchas longuíssimas, um modo de vida dos mais simples, permanência ininterrupta ao ar livre, fadigas constantes – estas são, num cálculo grosseiro, as medidas gerais de proteção e de conservação contra a extrema vulnerabilidade dessa máquina sutil e que trabalha sob pressão máxima chamada gênio.

32.

Fala o imoralista. – Nada repugna *mais* ao gosto de um filósofo do que o homem *quando deseja*... Quando o vê apenas agindo, quando o vê inclusive perdido em apuros labirínticos, como lhe parece admirável, esse mais valente, mais astuto e mais perseverante dos animais! O homem chega a encorajá-lo... Porém o filósofo despreza o homem desejante, também o "desejável" – e sobretudo todas as desejabilidades, todos os *ideais* do homem. Se um filósofo pudesse ser niilista, ele o seria porque encontra o nada atrás de todos os ideais do homem. Ou nem sequer o nada – mas apenas aquilo que não vale nada, aquilo que é absurdo, doentio, covarde, cansado, toda espécie de borra da taça *esvaziada* de sua vida... Como pode ser que o homem, tão venerável enquanto realidade, não mereça qualquer respeito tão logo deseje? Precisa expiar o fato de ser tão capaz como realidade? Precisa compensar seu agir, a tensão da inteligência e da vontade em todo agir, espreguiçando seus membros no âmbito do imaginário e do absurdo? – Até agora, a história de suas desejabilidades foi a *partie honteuse** do homem: deve-se evitar lê-la por tempo demais. O que justifica o homem é sua realidade – ela o justificará eternamente. Quanto não será maior o valor do homem real se comparado com um homem meramente desejado, sonhado, um logro do princípio ao fim? Com algum homem *ideal?*... E apenas o homem ideal repugna ao gosto do filósofo.

33.

O valor natural do egoísmo. – O egoísmo vale tanto quanto vale fisiologicamente aquele que o possui: ele pode valer muito ou pode ser vil e desprezível. Cada indivíduo pode ser observado com a finalidade de sabermos se representa a linha ascendente ou descendente da vida. Com uma decisão acerca disso também temos um cânone para o valor de seu egoísmo. Caso represente a ascensão da linha, seu valor é de fato extraordinário – e, por causa do todo da vida que com ele dá um passo *adiante*, o cuidado com a conservação, com a criação, de seu *optimum* de condições pode mesmo ser extremo. O indivíduo, o "indivisível", tal como o povo e o filósofo o entenderam até agora, é, no fim das contas, um erro: ele não é algo à parte, não é um átomo, não é um "elo da corrente", não é algo meramente herdado de outrora – ele é a linha humana inteira que chega até ele e inclusive o ultrapassa... Caso ele represente o desenvolvimento descendente, o declínio, a degeneração crônica, o adoecimento (as doenças, num cálculo aproximado, já são consequências do declínio, *não* sua causa), então seu valor é pequeno, e quer a justiça

* Lado vergonhoso.

mais elementar que ele *tire* o menos possível dos bem constituídos. Ele é apenas um parasita deles...

34.

Cristão e anarquista. – Quando o anarquista, na condição de porta-voz das camadas *declinantes* da sociedade, exige "direito", "justiça" e "direitos iguais" com uma bela indignação, apenas se encontra sob a pressão de sua incultura, que não consegue compreender *por que* realmente ele sofre – *do que* é pobre, de vida... Ele é dominado por um impulso causal: alguém deve ser culpado por ele estar mal... Só a "bela indignação" já lhe faz bem, vociferar é um prazer para todos os pobres-diabos – isso dá uma pequena embriaguez de poder. Já basta a queixa, o queixar-se, para dar à vida um encanto pelo qual se suporta vivê-la: há uma dose sutil de *vingança* em toda queixa; a pessoa censura aqueles que são diferentes, como se isso fosse uma injustiça, um privilégio *ilícito*, por sua situação ruim, às vezes até por sua ruindade. "Se sou *canaille*, também deverias sê-lo": é com base nessa lógica que se faz revolução. – O queixar-se não vale nada em caso algum: ele provém da fraqueza. Atribuir sua situação ruim a outros ou a *si mesmo* – a primeira atitude é própria do socialista, a última, do cristão, por exemplo – não faz qualquer verdadeira diferença. O que há em comum, digamos o que há de *indigno* nisso, é que alguém deva ser *culpado* por sofrermos – em resumo, que o sofredor prescreva para seu sofrimento o mel da vingança. Os objetos dessa necessidade de vingança, enquanto uma necessidade de *prazer*, são motivos de ocasião: o sofredor encontra motivos para arrefecer sua pequena vingança em toda parte – se for cristão, repito, ele os encontrará em *si*... O cristão e o anarquista – ambos são *décadents*. – Mas também quando o cristão condena, calunia e emporcalha o *mundo*, ele o faz a partir do mesmo instinto que o trabalhador socialista condena, calunia e emporcalha a *sociedade:* mesmo o "Juízo Final" ainda é o doce consolo da vingança – a revolução, tal como o trabalhador socialista também a espera, só que imaginada para um futuro mais distante... O próprio "além" – para que um além, se ele não fosse um meio de emporcalhar o aquém?...

35.

Crítica da moral da décadence. – Uma moral "altruísta", uma moral em que o egoísmo *definha*, é, de qualquer maneira, um mau sinal. Isso vale para o indivíduo, isso vale sobretudo para povos. Falta o melhor quando começa a faltar egoísmo. Escolher instintivamente o que é danoso para *si*, ser *atraído* por motivos "desinteressados", é quase a fórmula da *décadence*. "Não buscar o *seu* benefício" – isso é apenas a folha de parreira moral que encobre um fato muito diferente, a saber, um fato fisiológico: "Não sei mais *encontrar* o meu benefício"... Desagregação dos instintos! – Quando o homem se torna altruísta, é o seu fim. – Em vez de dizer, ingenuamente, "*Eu* não valho mais nada", a mentira moral na boca do *décadent* diz: "Nada tem valor – a *vida* não vale nada"... Semelhante juízo, no fim das contas, é um grande perigo, ele tem efeito contagioso – ele brota em todo solo mórbido da sociedade e logo viceja numa vegetação tropical de conceitos, ora como religião (cristianismo), ora como filosofia (schopenhauerismo). Em dadas circunstâncias, semelhante vegetação de árvores-da-morte, crescida da podridão, envenena *a vida* com suas exalações até longas distâncias, por milênios...*

36.

Moral para médicos. – O doente é um parasita da sociedade. Em certo estado, é indecente viver por mais tempo. Continuar vegetando em covarde dependência de médicos e de tratamentos depois que se perdeu o sentido da vida, o *direito* à vida, deveria ter como consequência um profundo desprezo por parte da sociedade. Os médicos, por sua vez, deveriam ser os mediadores desse desprezo – não receitas, mas todo dia uma nova dose de *nojo* de seus pacientes... Criar uma nova responsabilidade, a do médico, para todos os casos em que o interesse supremo da vida, da vida *ascendente*, exija o mais implacável esmagamento e eliminação da vida *degenerante* – por exemplo, para o direito à procriação, para o direito de nascer, para o direito de viver... Morrer de uma maneira orgulhosa quando não é mais possível viver de maneira orgulhosa. A morte escolhida voluntariamente, a morte no momento oportuno, com clareza e alegria, consumada em meio a filhos e testemunhas: de modo que ainda seja possível uma despedida real, quando *ainda está presente* aquele que se despede, assim como uma avaliação real do que se alcançou e do que se quis, uma *soma* da vida – tudo em oposição à comédia deplorável e horripilante

---

* A chamada árvore-da-morte (*Antiaris toxicaria*) é nativa de regiões tropicais da Ásia e especialmente da África, atinge até trinta metros de altura e é considerada venenosa para todas as formas de vida em suas cercanias.

promovida pelo cristianismo com a hora da morte. Nunca se deve esquecer que o cristianismo abusou da fraqueza do moribundo para estuprar sua consciência, que abusou do próprio modo de morrer para fazer juízos de valor sobre a pessoa e seu passado! – Cabe aqui, a despeito de todas as covardias do preconceito, estabelecer antes de tudo a apreciação correta, ou seja, fisiológica, da chamada morte *natural*: que, afinal, também é apenas uma morte "inatural", um suicídio. Nunca se perece pelas mãos de outra pessoa, apenas pelas suas próprias. Só que essa é a morte nas condições mais desprezíveis, uma morte sem liberdade, uma morte no momento *inoportuno*, uma morte de covarde. Por amor à *vida* – deveríamos querer a morte de outra maneira, livre, consciente, sem acaso, sem surpresa... Por fim, um conselho aos senhores pessimistas e outros *décadents*. Não está em nossas mãos impedir nosso nascimento: mas podemos corrigir esse erro – pois às vezes é um erro. Quando alguém se *suprime*, pratica a coisa mais respeitável que há: quase se merece viver por isso... A sociedade, que digo!, a própria *vida*, tira mais vantagem disso do que de alguma "vida" de renúncia, anemia e outras virtudes – a pessoa livra os outros de seu aspecto, ela livra a vida de uma *objeção*... O pessimismo, *pur*, *vert**, *apenas é demonstrado* através da autorrefutação dos senhores pessimistas: é preciso dar um passo adiante na sua lógica, e não negar a vida apenas com "vontade e representação", como fez Schopenhauer – deve-se *negar Schopenhauer em primeiro lugar*... O pessimismo, diga-se de passagem, por mais contagioso que seja, não aumenta, apesar disso, a morbidez de uma

* Puro, verde (ou seja, cru, em estado bruto).

época, de uma geração em seu todo: ele é a sua expressão. Sucumbe-se a ele como se sucumbe à cólera: já é preciso ter uma predisposição mórbida o bastante. O próprio pessimismo não produz um único *décadent* a mais; recordo o resultado da estatística segundo a qual os anos em que a cólera grassa não se distinguem de outros anos na cifra total de mortes.

37.

Será que nos tornamos mais morais? – Como era de se esperar, toda a *ferocidade* da estupidificação moral, que, como é sabido, na Alemanha é tomada pela própria moral, fez o possível contra o meu conceito de "além do bem e do mal": eu poderia contar boas histórias a respeito. Disseram-me para que refletisse, sobretudo, acerca da "inegável superioridade" de nossa época no juízo moral, acerca do *progresso* que realmente fizemos nesse aspecto: em comparação *conosco*, um César Bórgia* não deveria de modo algum ser apresentado como um "homem superior", como uma espécie de *super-homem*, tal como faço... Um redator suíço, do *Bund*, não sem expressar o seu respeito pela coragem de tal façanha, chegou ao ponto de "entender" que o sentido de minha obra era que com ela eu propunha a abolição de todos os sentimentos decentes. Muito agradecido!** – Como resposta, me per-

---

* César Bórgia (1476-1507), definido pelo próprio Nietzsche como "homem de rapina" (*Além do bem e do mal*, seção 197), foi o modelo para o *Príncipe* de Maquiavel.

** Em alemão, *sehr verbunden*, um trocadilho com o nome do jornal antes citado. O redator, Joseph Viktor Widmann, publicou em setembro de 1886 uma resenha de *Além do bem e do mal* intitulada "O perigoso livro de Nietzsche".

mito levantar a questão: *será que realmente nos tornamos mais morais?* O fato de todo mundo acreditar que sim já constitui uma objeção... Nós, homens modernos, muito delicados, muito vulneráveis, recebendo e demonstrando centenas de considerações, imaginamos de fato que essa humanidade delicada que representamos, essa *alcançada* unanimidade na indulgência, na solicitude, na confiança recíproca, seja um progresso positivo, que com isso ultrapassamos em muito os homens da Renascença. Mas todas as épocas pensam assim, elas *precisam* pensar assim. O certo é que não poderíamos nos colocar nas condições da Renascença nem sequer nos imaginar nelas: nossos nervos não suportariam tal realidade, para não falar de nossos músculos. Essa incapacidade, porém, não é uma prova de progresso, mas apenas de uma constituição diferente, mais tardia, mais fraca, mais delicada, mais vulnerável, da qual resulta necessariamente uma moral *rica em considerações*. Se abstrairmos nossa delicadeza e nosso caráter tardio, nosso envelhecimento fisiológico, então nossa moral da "humanização" também perderia de imediato seu valor – nenhuma moral possui valor em si: ela nos causaria inclusive desdém. Não duvidemos, por outro lado, de que nós, modernos, com nossa humanidade espessamente acolchoada, que não quer se chocar contra pedra alguma, ofereceríamos aos contemporâneos de César Bórgia uma comédia que os mataria de rir. De fato, com nossas "virtudes" modernas, somos involuntariamente cômicos além das medidas... A diminuição dos instintos hostis e que despertam desconfiança – e este seria, afinal, o nosso "progresso" – representa apenas uma das consequências na diminuição geral da *vitalidade:*

custa cem vezes mais esforço, mais cautela, levar a cabo uma existência tão condicionada, tão tardia. As pessoas se ajudam mutuamente, todo mundo é doente e enfermeiro em certo grau. Isto, então, é chamado de "virtude": entre homens que ainda conheciam a vida de outra forma, mais plena, mais esbanjadora, mais transbordante, isso teria outro nome, talvez "covardia", "miséria", "moral de velhas"... Nossa amenização dos costumes – esta é minha tese, esta é, caso se queira, a minha *inovação* – é uma consequência do declínio; inversamente, costumes duros e terríveis podem ser uma consequência do excesso de vida: pois então também se pode ousar muito, desafiar muito, também se pode *desperdiçar* muito. O que outrora era o tempero da vida, para nós seria *veneno*... Para mostrarmos indiferença – o que também é uma forma de força – somos igualmente velhos demais, tardios demais: nossa moral da compaixão, contra a qual fui o primeiro a fazer advertências, isso que se poderia chamar de *l'impressionisme morale*, é uma expressão a mais de superexcitabilidade fisiológica, própria de tudo o que é *décadent*. Aquele movimento que tentou se apresentar cientificamente com a *moral da compaixão* de Schopenhauer – uma tentativa deveras infeliz! – é o verdadeiro movimento da *décadence* na moral, e, como tal, profundamente aparentado com a moral cristã. As épocas fortes, as culturas *nobres*, veem na compaixão, no "amor ao próximo", na falta de sentimento de si, de orgulho de si, algo desprezível. – As épocas devem ser medidas segundo suas *forças positivas* – e quanto a isso, a época da Renascença, tão esbanjadora e rica em fatalidade, mostra ser a última *grande* época, e nós, modernos, com nossa ansiosa solicitude para conosco mesmos e nosso amor ao próximo, com nossas virtudes do trabalho, da modéstia, da equidade, da cientificidade – acumuladores, econômicos, maquinais –, mostramos ser uma época *fraca*... Nossas virtudes se devem à nossa fraqueza, são *incitadas* por ela... A "igualdade", um certo assemelhamento efetivo que ganha expressão na teoria dos "direitos iguais", é essencialmente própria do declínio: o abismo entre um homem e outro, entre uma classe e outra, a multiplicidade dos tipos, a vontade que a pessoa tem de ser ela mesma, de se distinguir, isso que chamo de *páthos da distância*, é próprio de toda época *forte*. A tensão entre os extremos, a distância entre eles, se torna hoje cada vez menor – os próprios extremos se confundem, por fim, até se tornarem semelhantes... Todas as nossas teorias políticas *e* todas as nossas Constituições, sem excluir de forma alguma o "Reich alemão", são consequências, são efeitos necessários do declínio; a ação inconsciente da *décadence* se tornou dominante até nos ideais de algumas ciências. Minha objeção a toda a sociologia inglesa e francesa consiste em que elas conhecem por experiência apenas as *formações decadentes* da sociedade, tomando, com total inocência, os próprios instintos decadentes como *norma* do juízo sociológico de valor. A vida *declinante*, a diminuição de toda força organizadora, ou seja, separadora, que abre abismos, que subordina e sobrepõe, se formula na sociologia de hoje como *ideal*... Nossos socialistas são *décadents*, mas o sr. Herbert Spencer também – ele vê na vitória do altruísmo algo desejável!...*

* Herbert Spencer (1820-1903): filósofo e pedagogo inglês.

38.

Meu conceito de liberdade. – Às vezes, o valor de uma coisa não se encontra no que com ela se alcança, mas naquilo que por ela se paga – naquilo que ela nos *custa*. Dou um exemplo. As instituições liberais deixam de ser liberais tão logo sejam alcançadas: não há, posteriormente, piores e mais radicais lesadores da liberdade do que as instituições liberais. Sabemos, afinal, *o que* elas conseguem fazer: elas minam a vontade de poder, elas são o nivelamento de montanhas e vales elevado à categoria de moral, elas apequenam, acovardam e incitam à busca de prazeres – com elas triunfa sempre o animal de rebanho. Liberalismo: em linguagem clara, *transformação em animais de rebanho*... Enquanto ainda se luta por elas, essas mesmas instituições produzem efeitos bem diferentes; elas realmente promovem a liberdade de uma maneira impressionante. Olhando-se com mais atenção, é a guerra que produz esses efeitos, a guerra *por* instituições liberais, que, enquanto guerra, faz os instintos *iliberais* perdurarem. E a guerra educa para a liberdade. Pois o que é liberdade? Ter a vontade de ser responsável por si mesmo. Conservar a distância que nos separa. Tornar-se mais indiferente à fadiga, à dureza, à privação, inclusive à vida. Estar pronto a sacrificar homens à sua causa, sem descontar a si próprio. Liberdade significa que os instintos viris, que se alegram com a guerra e com a vitória, possuem o domínio sobre outros instintos; por exemplo, sobre os instintos da "felicidade". O homem *liberto*, e tanto mais o *espírito* liberto, pisoteia a espécie desprezível de bem-estar com que sonham merceeiros, cristãos, vacas, mulheres, ingleses e outros democratas. O homem livre é *guerreiro*. – Pelo que se mede a liberdade, tanto de indivíduos quanto de povos? Pela resistência que precisa ser superada, pelo esforço que custa ficar *em cima*. Teríamos de procurar o tipo mais elevado de homem livre lá onde constantemente se supera a resistência mais elevada: a cinco passos da tirania, próximo ao limiar do perigo da servidão. Isso é psicologicamente verdadeiro se por "tiranos" entendermos instintos implacáveis e terríveis que incitam contra si o máximo de autoridade e de disciplina – o mais belo tipo, Júlio César –; isso também é politicamente verdadeiro, basta dar um passeio pela história. Os povos que valeram alguma coisa, que *chegaram* a valer alguma coisa, nunca chegaram a isso sob instituições liberais: o *grande perigo* fez deles algo que merece respeito, o perigo que, só ele, nos ensina a conhecer nossos recursos, nossas virtudes, nossas armas de defesa e de ataque, nosso *espírito* – que nos *força* a sermos fortes... *Primeiro* princípio: deve-se ter necessidade de ser forte – caso contrário, nunca chegamos a sê-lo. – Aquelas grandes estufas para a espécie forte de homem, para a espécie mais forte que existiu até agora, as comunidades aristocráticas nos moldes de Roma e Veneza, entenderam a liberdade exatamente no mesmo sentido em que entendo essa palavra: como uma coisa que se tem e *não* se tem, que se *quer*, que se *conquista*...

39.

Crítica da modernidade. – Nossas instituições não prestam mais: acerca disso somos unânimes. Mas isso não se deve a elas, e sim a *nós*. Depois que perdemos todos os instintos dos quais brotam instituições, perdemos as próprias instituições porque *nós* não prestamos mais para elas. O democratismo sempre foi a forma decadente da força organizadora: em *Humano, demasiado humano* I, seção 472, já qualifiquei a democracia moderna, juntamente com suas precariedades, como o "Reich alemão", de *forma decadente do Estado*. Para que existam instituições, é preciso existir uma espécie de vontade, instinto, imperativo, que seja antiliberal até a maldade: a vontade de tradição, de autoridade, de responsabilidade por séculos, de *solidariedade* entre séries de gerações para frente e para trás *in infinitum*. Caso exista essa vontade, se funda algo como o *imperium Romanum:* ou como a Rússia, a *única* potência que hoje possui duração em seu corpo, que pode esperar, que ainda pode prometer alguma coisa – Rússia, a antítese aos deploráveis particularismo e nervosismo europeus, os quais entraram num estado crítico com a fundação do Reich alemão... O Ocidente inteiro não possui mais aqueles instintos dos quais brotam instituições, dos quais brota *futuro:* talvez nada desagrade tanto ao seu "espírito moderno". Vive-se para hoje, vive-se muito depressa – vive-se de modo muito irresponsável: precisamente isso é chamado de "liberdade". Aquilo que *faz* das instituições o que elas são é desprezado, odiado, repudiado: basta ouvirem a palavra "autoridade" e as pessoas acreditam estar na iminência de uma nova escravidão. A tal ponto chega a *décadence* nos instintos valorativos dos nossos políticos, dos nossos partidos políticos: *eles preferem instintivamente* aquilo que desagrega, aquilo que acelera o fim... Um testemunho é o *casamento moderno*. É algo evidente que o casamento moderno perdeu toda a racionalidade: o que não constitui uma objeção ao casamento, mas à modernidade. A racionalidade do casamento – ela se encontrava na responsabilidade jurídica exclusiva do marido: assim o casamento tinha um centro de gravidade, enquanto hoje ele manqueja das duas pernas. A racionalidade do casamento – ela se encontrava na sua indissolubilidade por princípio: assim ele tinha uma voz que se sabia *fazer escutar* frente ao acaso do sentimento, da paixão e do instante. Ela se encontrava igualmente na responsabilidade das famílias pela escolha dos noivos. Com a crescente indulgência em favor do casamento por *amor*, foi eliminada terminantemente a base do casamento, aquilo que *faz* dele uma instituição. Em hipótese alguma se funda uma instituição sobre uma idiossincrasia, *não* se funda o casamento, conforme já foi dito, sobre o "amor" – ele é fundado sobre o impulso sexual, sobre o impulso de posse (mulher e filho como posse), sobre o *impulso de domínio*, que organiza duradouramente a menor das formações de domínio, a família, que *precisa* de filhos e de herdeiros para conservar também fisiologicamente uma medida alcançada de poder, influência e riqueza, para preparar tarefas demoradas, para preparar a solidariedade de instintos entre os séculos. O casamento como instituição já compreende em si a afirmação da maior, da mais duradoura forma de organização: se a própria sociedade como um todo não pode se *responsabilizar* por si mesma até as mais remotas gerações, o casamento perde qualquer sentido. – O casamento moderno *perdeu* o seu sentido – logo, ele é abolido.

40.

A questão operária. – No fato de existir uma questão operária se encontra a imbecilidade, no fundo, a degeneração dos instintos que é hoje a causa de *todas* as imbecilidades. Acerca de certas coisas *não se fazem questões:* primeiro imperativo do instinto. – Não consigo absolutamente imaginar o que se quer fazer com o trabalhador europeu depois que se fez dele uma questão. Ele se encontra bem demais para, passo a passo, não colocar mais questões, questões cada vez mais imodestas. No fim das contas, ele tem o grande número a seu favor. Dissipou-se inteiramente a esperança de que uma espécie de homem modesta e satisfeita consigo mesma, um tipo de chinês, venha a formar uma classe: e isso teria sido racional, isso teria sido decididamente uma necessidade. O que se fez? Tudo para matar na casca até o pressuposto para isso – através da mais irresponsável irreflexão, se destruíram completamente os instintos graças aos quais um trabalhador se torna possível enquanto classe, se torna possível *para si próprio*. O trabalhador foi tornado apto ao serviço militar, recebeu o direito de associação, o direito de voto: como se espantar quando hoje já sente a sua existência como uma calamidade (falando moralmente, como *injustiça*)? Mas o que se *quer?*, repito a pergunta. Caso se queira um fim, também é preciso querer os meios: caso se queiram escravos, então se é louco ao educá-los para que sejam senhores.

41.

"Liberdade que *não* amo..."* – Numa época como a

* Paródia do primeiro verso do poema *Liberdade*, de Max von Schenkendorf (1783-1817), *Freiheit, die ich meine*, "Liberdade que amo". Segundo o *Deutsches Wörterbuch* (Dicionário alemão) dos irmãos Grimm, os exemplos de uso do verbo *meinen* no sentido de "amar" desaparecem na prosa depois do século XVII, permanecendo apenas, com um tom arcaizante, na poesia. Nietzsche joga com esse sentido arcaico e com os sentidos modernos de "querer dizer, referir-se a". Assim, o título desta seção também admitiria traduções como "Liberdade a que *não* me refiro".

de hoje, estar entregue aos seus instintos é uma fatalidade a mais. Esses instintos se contradizem, se atrapalham, se destroem mutuamente; já defini o *moderno* como a autocontradição fisiológica. A racionalidade da educação exigiria que pelo menos um desses sistemas instintuais fosse *paralisado* sob uma pressão férrea para permitir que um outro recuperasse as forças, se tornasse forte, se tornasse senhor. Hoje o indivíduo deveria ser tornado possível na medida em que fosse *podado:* possível, ou seja, *inteiro...* Acontece o contrário: o direito à independência, ao livre desenvolvimento, ao *laisser aller*[*], é reivindicado com a maior veemência justamente por aqueles aos quais nenhuma rédea *seria firme demais* – isso vale *in politicis*[**], isso vale na arte. Mas isso é um sintoma de *décadence:* nosso moderno conceito de "liberdade" é uma prova a mais da degeneração do instinto.

42.

Onde a fé é necessária. – Nada é mais raro entre moralistas e santos do que a retidão; talvez eles digam o contrário, talvez até *acreditem* no contrário. Pois quando uma fé é mais útil, mais eficaz, mais persuasiva do que a hipocrisia *consciente*, tal hipocrisia logo se transforma, por instinto, em *inocência:* primeira tese para a compreensão dos grandes santos. Também no caso dos filósofos, outra espécie de santos, todo o seu ofício implica o fato de admitirem apenas certas verdades: a saber, aquelas pelas quais esse ofício recebe a sanção *pública* – falando kantianamente, verdades da razão *prática*. Eles sabem

---

* Deixar ir, abandono, desleixo.

** *In politicis:* em questões políticas.

o que *precisam* provar; nisso eles são práticos – eles se reconhecem entre si no fato de concordarem acerca das "verdades". – "Não mentirás" – falando claramente: *evite* dizer a verdade, meu senhor filósofo...

43.

Dito ao ouvido dos conservadores. – O que outrora não se sabia, hoje se sabe, se poderia saber – que uma *regressão*, um regresso em qualquer sentido e grau, não é absolutamente possível. Nós, fisiólogos, pelo menos sabemos disso. Mas todos os sacerdotes e moralistas acreditaram que se poderia fazê-lo – eles *quiseram* levar a humanidade de volta a uma medida *anterior* de virtude, quiseram *girá-la* para trás. A moral sempre foi um leito de Procusto.* Mesmo os políticos imitaram os pregadores da virtude nisso: ainda hoje há partidos que sonham com o *passo de caranguejo* de todas as coisas. Mas ninguém é livre para ser caranguejo. De nada adianta: é *preciso* ir em frente, quer dizer, *passo a passo em frente na décadence* (esta é a *minha* definição do "progresso" moderno...). Pode-se *retardar* esse desenvolvimento, e, através do retardo, estancar, acumular e tornar a degeneração mais veemente e *mais repentina:* mais não se pode fazer.

44.

Meu conceito de gênio. – Assim como as grandes épocas, os grandes homens são explosivos nos quais está acumulada uma energia formidável; seu pressuposto é

---

* Na mitologia grega, leito em que o bandido Procusto forçava suas vítimas a caberem, cortando os pés dos indivíduos grandes e estirando os pequenos pelos extremos.

sempre, histórica e fisiologicamente, que por longo tempo se tenha ajuntado, acumulado, poupado e guardado com vista a eles – que por longo tempo não tenha ocorrido nenhuma explosão. Caso a tensão na massa tenha se tornado muito grande, basta o mais acidental dos estímulos para chamar ao mundo o "gênio", a "ação", o grande destino. Que importam, então, o ambiente, a época, o "espírito da época", a "opinião pública"! – Tomemos o caso de Napoleão. A França da Revolução, e mais ainda a França pré-revolucionária, teria produzido o tipo oposto ao de Napoleão: e ela também o *produziu*. E porque Napoleão era *diferente*, herdeiro de uma civilização mais forte, mais prolongada, mais antiga do que aquela que caía aos pedaços na França, ele se tornou senhor, ele *foi* o único senhor. Os grandes homens são necessários, a época em que surgem é acidental; o fato de quase sempre se tornarem senhores dela reside apenas em serem mais fortes, mais antigos, em que se tenha ajuntado por mais tempo com vista a eles. Entre um gênio e a sua época há uma relação como a existente entre forte e fraco, entre velho e jovem: a época é sempre relativamente muito mais jovem, franzina, imatura, insegura, pueril. – O fato de hoje se pensar de forma *muito diferente* sobre isso na França (e também na Alemanha: mas isso não importa), o fato de a teoria do *milieu*, uma verdadeira teoria de neurótico, ter lá se tornado sacrossanta e quase científica, encontrando crédito até entre fisiólogos, é algo que "não cheira bem", que nos faz ter pensamentos tristes. – Também na Inglaterra não se compreendem as coisas de outro modo, só que ninguém vai se afligir por isso. Para o inglês, existem apenas duas maneiras de entrar em acordo com o gênio e com os "grandes homens": ou *democraticamente* à maneira de Buckle*, ou *religiosamente* à maneira de Carlyle. – O *perigo* existente em grandes homens e grandes épocas é extraordinário; a esterilidade, toda espécie de esgotamento, os segue de perto. O grande homem é um final; a grande época, a Renascença, por exemplo, é um final. O gênio – em obras, em ações – é necessariamente um esbanjador: sua grandeza está *no fato de se gastar*... O instinto de autoconservação é, por assim dizer, tirado dos gonzos; a pressão avassaladora das energias transbordantes lhe proíbe qualquer proteção e cautela desse gênero. As pessoas chamam isso de "sacrifício"; elas enaltecem o seu "heroísmo", sua indiferença em relação ao próprio bem-estar, sua dedicação a uma ideia, a uma grande causa, a uma pátria: apenas mal-entendidos... Ele derrama, transborda, se gasta, não se poupa – com fatalidade, de maneira funesta, involuntária, da mesma forma que o transbordamento de um rio é involuntário. Mas porque as pessoas devem muito a esses explosivos, também lhes deram muito em troca, por exemplo, uma espécie de *moral superior*... Este é, afinal, o modo de ser da gratidão humana: ela *entende mal* seus benfeitores.

45.

O criminoso e o que lhe é afim. – O tipo do criminoso é o tipo do homem forte sob condições desfavoráveis, um homem forte tornado doente. Faltam-lhe a selva, uma certa natureza e forma de existência mais livres e mais perigosas nas quais *seja permitido por lei* tudo o que é arma de ataque e de defesa no instinto do homem

---

* Henry Thomas Buckle (1821-1862): historiador e filósofo inglês.

forte. Suas *virtudes* foram banidas pela sociedade; os impulsos mais vivazes que herdou logo se mesclam aos afetos deprimentes, à suspeita, ao medo, à desonra. Mas isso é quase a *receita* para a degeneração fisiológica. Quem precisa fazer em segredo, com tensão, cautela e astúcia prolongadas aquilo que melhor sabe fazer, aquilo que faria com mais gosto, acaba se tornando anêmico; e porque sempre colhe perigo, perseguição e fatalidade de seus instintos, também se inverte o seu sentimento em relação a eles – passa a senti-los de maneira fatalista. É na sociedade, em nossa sociedade domesticada, medíocre e castrada, que um homem que se desenvolveu de forma natural, que vem das montanhas ou das aventuras marítimas, degenera necessariamente em criminoso. Ou quase necessariamente: pois há casos em que tal homem prova ser mais forte do que a sociedade: o corso Napoleão é o mais célebre desses casos. Para o problema aqui em questão é relevante o testemunho de Dostoievski – Dostoievski, o único psicólogo, diga-se de passagem, do qual tive algo a aprender: ele se encontra entre os mais belos golpes de sorte de minha vida, mais até do que a descoberta de Stendhal.* Esse homem *profundo*, que tinha toda razão em desprezar os superficiais alemães, teve uma impressão muito diferente daquela que ele próprio esperava acerca dos presidiários da Sibéria entre os quais viveu longo tempo, todos criminosos perigosíssimos para

* Ou Henri Beyle (1783-1842), romancista francês, autor de *O vermelho e o negro* e *A cartuxa de Parma*. Em relação a Dostoievski (1821-1881), cartas e fragmentos póstumos atestam que Nietzsche leu *Notas do subsolo*, *Humilhados e ofendidos*, *Os demônios* e *Memórias da casa dos mortos*. É a esta última obra que alude no trecho que segue.

os quais já não havia mais caminho de volta à sociedade – aproximadamente, ele teve a impressão de que eram talhados da melhor, mais dura e mais valiosa madeira que pode se desenvolver em solo russo. Generalizemos o caso do criminoso: imaginemos naturezas às quais, por alguma razão, falte a aprovação pública, que saibam que não são consideradas benéficas, úteis – aquele sentimento de chandala, o sentimento de não ser considerado como igual, mas como excluído, indigno, impurificador. Todas essas naturezas possuem a cor do subterrâneo em seus pensamentos e ações; nelas tudo se torna mais pálido do que naquelas sobre cuja existência repousa a luz do dia. Porém quase todas as formas de existência que hoje respeitamos viveram outrora nessa atmosfera meio sepulcral: o homem de ciência, o artista, o gênio, o livre-pensador, o ator, o comerciante, o grande descobridor... Enquanto o *sacerdote* foi considerado o tipo supremo, *toda* espécie valiosa de homem foi desvalorizada... Aproxima-se o tempo – eu prometo – em que o sacerdote será considerado como o tipo *mais baixo*, como o *nosso* chandala, como a espécie de homem mais mentirosa, mais indecente... Chamo a atenção para o fato de que mesmo agora, sob o mais ameno regime de costumes que alguma vez já tenha dominado na Terra, ao menos na Europa, toda vida à parte, todo prolongado, demasiado prolongado *estar por baixo*, toda forma de existência insólita, opaca, nos faz compreender aquele tipo que o criminoso leva à perfeição. Todos os inovadores do espírito levam na testa por algum tempo o signo pálido e fatalista do chandala: *não* porque sejam assim considerados, mas porque eles mesmos percebem o terrível abismo que os separa de tudo o que é tradicional e honrado. Quase todo gênio conhece a "existência catilinária" como um de seus desdobramentos, um sentimento de ódio, vingança e rebelião contra tudo o que já *é*, que não mais se *torna*... Catilina* – a forma de preexistência de *todo* César.

46.

*Aqui a vista é livre.*** – Pode ser elevação de alma quando um filósofo se cala; pode ser amor quando se contradiz; é possível, da parte do homem dedicado ao conhecimento, uma cortesia que minta. Não foi sem sutileza que se disse: "*Il est indigne des grands cœurs de répandre le trouble, qu'ils ressentent*"***: apenas precisamos acrescentar que não ter medo *do mais indigno* pode ser igualmente grandeza de alma. Uma mulher que ama sacrifica sua honra; um homem dedicado ao conhecimento, e que "ama", talvez sacrifique sua humanidade; um deus que amava se tornou judeu...

47.

A beleza não é um acaso. – Também a beleza de uma raça ou de uma família, sua graça e amabilidade em todos os gestos, é alcançada por meio de trabalho:

---

* Lúcio Sérgio Catilina (c.108-62 a.C.): nobre romano que conspirou contra a república. Foi denunciado por Cícero nos discursos que ficaram conhecidos como *Catilinárias*. O que Catilina não conseguiu foi alcançado por Júlio César (100-44 a.C.), que em 48 a.C. se tornou ditador e assim lançou as bases para o futuro império.

** Verso do *Fausto*, segunda parte, ato V.

*** É indigno dos grandes corações manifestar a perturbação que sentem.

ela é, assim como o gênio, o resultado final do trabalho acumulado de gerações. É preciso ter feito grandes sacrifícios ao bom gosto, é preciso ter feito e deixado de fazer muitas coisas por sua causa – nesses dois aspectos, o século XVII na França é admirável –, é preciso que ele tenha sido um princípio de escolha para a companhia, o lugar, o vestuário e a satisfação sexual, é preciso ter preferido a beleza ao proveito, ao hábito, à opinião, à indolência. Norma suprema: é preciso não se "deixar ir" nem mesmo diante de si próprio. As coisas boas são deveras dispendiosas: e sempre vale a lei de que quem as *possui* é diferente daquele que as *adquire*. Tudo o que é bom é herança: o que não é herdado é imperfeito, é começo... Em Atenas, no tempo de Cícero, que exprime a sua surpresa quanto a isso, os homens e rapazes eram de longe superiores em beleza às mulheres: mas que trabalho e esforço a serviço da beleza o sexo masculino exigiu lá de si durante séculos! – Pois não devemos nos equivocar sobre a metodologia: uma mera disciplina de sentimentos e pensamentos é quase nula (aqui reside o grande mal-entendido da formação alemã, que é totalmente ilusória): deve-se persuadir primeiro o *corpo*. A rigorosa sustentação de gestos importantes e seletos, a obrigatoriedade de viver apenas com pessoas que não se "deixam ir" são perfeitamente suficientes para tornar uma pessoa importante e seleta: em duas ou três gerações já está tudo *interiorizado*. É decisivo para o destino dos povos e da humanidade que se comece a cultura pelo lugar *certo* – *não* pela "alma" (como era a funesta superstição dos sacerdotes e semissacerdotes): o lugar certo é o corpo, o gesto, a dieta e a fisiologia, o *resto* é consequência...

É por isso que os gregos são o *primeiro acontecimento cultural* da história – eles sabiam, eles *faziam* o que era necessário; o cristianismo, que desprezava o corpo, foi a maior desgraça da humanidade até agora.

48.

Progresso em meu sentido. – Também eu falo de "retorno à natureza", embora não seja exatamente uma volta, mas uma *ascensão* – à natureza e à naturalidade elevadas, livres e mesmo terríveis que brincam, *podem* brincar, com grandes tarefas... Para dizê-lo numa *alegoria:* Napoleão foi uma parcela de "retorno à natureza", tal como a compreendo (por exemplo, *in rebus tacticis**, e mais ainda, como sabem os militares, em assuntos estratégicos). – Mas Rousseau – para onde *ele* queria exatamente retornar? Rousseau, esse primeiro homem moderno, idealista e *canaille* numa só pessoa; que necessitava da "dignidade" moral para aguentar seu próprio aspecto; doente de vaidade e de autodesprezo desenfreados. Esse aborto que se recostou no umbral da nova época também queria "retorno à natureza" – para onde, repito a pergunta, queria retornar Rousseau? – Eu odeio Rousseau inclusive *na* Revolução: ela é a expressão histórico-universal dessa duplicidade de idealista e *canaille*. A *farce* sangrenta com que transcorreu essa Revolução, a sua "imoralidade", pouco me importa: o que odeio é a sua *moralidade* rousseauniana – as chamadas "verdades" da Revolução, com as quais ela ainda faz efeito e convence para o seu lado tudo o que é raso e medíocre. A doutrina da igualdade!... Mas não há veneno mais venenoso: pois ela *parece* pregada pela

* Em assuntos táticos.

própria justiça, enquanto é o *fim* da justiça... "Aos iguais o que é igual, aos desiguais o que é desigual" – *esse* seria o verdadeiro discurso da justiça: e, consequência disso, "jamais igualar o que é desigual." O fato de as coisas terem transcorrido de maneira tão medonha e sangrenta em torno dessa doutrina da igualdade conferiu a essa "ideia moderna" *par excellence* uma espécie de glória e resplendor, de modo que a Revolução como *espetáculo* também seduziu os espíritos mais nobres. Isso não é, no fim das contas, razão para estimá-la mais. – Vejo apenas um homem que a considerou da maneira que ela deve ser considerada, com *nojo* – Goethe...

49.

Goethe não foi um acontecimento alemão, mas europeu: uma tentativa grandiosa de superar o século XVIII mediante um retorno à natureza, mediante uma *ascensão* à naturalidade da Renascença, uma espécie de autossuperação por parte daquele século. – Dele, tinha os instintos mais fortes: a sensibilidade, a idolatria da natureza, o caráter anti-histórico, idealista, irreal e revolucionário (este último é apenas uma forma do irreal). Ele se serviu da história, da ciência natural, da Antiguidade, bem como de Espinosa, sobretudo da atividade prática; ele se cercou apenas de horizontes cerrados; não se desligou da vida, mas se introduziu nela; não desanimou, e tomou a seu cargo, assumiu e assimilou tanto quanto foi possível. O que ele queria era *totalidade*; ele combatia a separação entre razão, sensibilidade, sentimento e vontade (pregada por *Kant*, o antípoda de Goethe, numa escolástica das mais apavorantes), ele se disciplinou para o todo, ele se *criou*... Em meio a uma época de inclinações irreais, Goethe foi um realista convicto: ele disse sim a tudo que nessa época lhe era aparentado – ele não teve experiência maior que a daquele *ens realissimum* chamado Napoleão. Goethe concebeu um homem forte, extremamente culto, hábil em toda a vida corporal, com autodomínio, com respeito por si mesmo, que pode ter a ousadia de se permitir toda a extensão e riqueza da naturalidade, que é forte o bastante para essa liberdade; o homem da tolerância, não por fraqueza, mas por força, pois sabe usar em seu proveito mesmo aquilo que faria uma natureza medíocre sucumbir; o homem para o qual nada mais existe de proibido a não ser a *fraqueza*, seja o seu nome vício ou virtude... Semelhante espírito *liberto* se encontra em meio ao universo com um fatalismo alegre e confiante, na *crença* de que apenas a parte isolada é reprovável, de que tudo se redime e se afirma no todo – *ele não nega mais*... Mas semelhante crença é a mais elevada de todas as crenças possíveis: eu a batizei com o nome de *Dioniso*.

50.

Poderíamos dizer que, em certo sentido, o século XIX *também* aspirou por tudo aquilo que Goethe aspirava como pessoa: uma universalidade na compreensão, na aprovação, uma receptividade para tudo, um realismo audaz, um respeito por tudo o que é fatual. Como pode ser que o resultado geral não seja um Goethe, mas um caos, um suspiro niilista, um não-saber-por-onde-começar, um instinto de cansaço que, *in praxi*, impele constantemente *a recorrer ao século XVIII*? (Por exemplo, como romantismo sentimental, como altruísmo e hipersentimentalismo, como feminismo no gosto, como socialismo na política.) Não é o século XIX, sobretudo em seu desenlace, meramente um século XVIII reforçado e *embrutecido*, ou seja, um século de *décadence*? De modo que Goethe foi apenas um incidente, um belo acontecimento à toa, não apenas para a Alemanha, mas para a Europa inteira? – Mas as pessoas compreendem mal os grandes homens ao vê-los da perspectiva mesquinha de uma vantagem pública. O fato de não saberem extrair nenhuma vantagem deles *talvez até faça parte de sua grandeza*...

51.

Goethe é o último alemão que respeito: ele teria sentido três coisas que sinto – e também nos entendemos acerca da "cruz"...* Perguntam-me com frequência para que exatamente escrevo em *alemão*: em parte alguma eu seria mais mal lido do que na minha pátria. Mas quem sabe, afinal, se *desejo* mesmo ser lido hoje? – Criar coisas nas quais o tempo gaste seus dentes em vão; esforçar-se por alcançar uma pequena eternidade na forma, *na substância* – nunca fui modesto o bastante para pedir menos de mim. O aforismo, a sentença, nos quais sou o primeiro a ser um mestre entre os alemães, são as formas da "eternidade"; minha ambição é dizer em dez frases o

---

* Nietzsche se refere a um epigrama de Goethe: "Posso tolerar muitas coisas. Suporto a maioria das agruras / Com ânimo sereno, segundo me ordena uma divina luz. / Algumas poucas, porém, me são adversas como a serpente e o veneno; / Quatro são elas: a fumaça do tabaco, os percevejos, o alho e a †" (*Epigramas venezianos*, 66).

que qualquer outro diz num livro – o que qualquer outro *não* diz num livro...

Dei à humanidade o livro mais profundo que ela possui, o meu *Zaratustra*: em breve lhe darei o mais independente.*

* Nietzsche se refere à *Transvaloração de todos os valores*, obra cuja primeira parte se intitularia *O anticristo*. Numa mudança de planos, decide transformar *O anticristo* na inteira transvaloração, acrescentando-lhe o subtítulo de *Transvaloração de todos os valores,* finalmente substituído por *Maldição contra o cristianismo*.

O QUE DEVO AOS ANTIGOS

1.

Para terminar, algumas palavras sobre esse mundo para o qual busquei acessos, para o qual talvez eu tenha encontrado um novo acesso – o mundo antigo. O meu gosto, que pode ser o contrário de um gosto tolerante, também nisso está longe de dizer sim em bloco: ele absolutamente não gosta de dizer sim, antes prefere dizer não e, mais que tudo, prefere não dizer nada... Isso vale para culturas inteiras, isso vale para livros – isso também vale para lugares e paisagens. No fundo, é um número bem pequeno de livros antigos que conta em minha vida; os mais famosos não estão entre eles. Meu sentido de estilo, para o epigrama como estilo, despertou quase instantaneamente no contato com Salústio.* Não esqueci o espanto de meu venerado professor Corssen quando teve de dar a nota mais alta ao seu pior aluno de latim – num instante eu estava pronto. Conciso, severo, com tanta substância quanto possível em seu fundamento, uma maldade fria em relação à "palavra bela", também ao "sentimento belo" – nisso me descobri. Será reconhecida em minhas obras, até em meu *Zaratustra*, uma ambição muito séria pelo estilo *romano*, pelo *aere perennius*** no estilo. – Não

* Gaio Salústio Crispo (86-35 a.C): historiador romano.

** Mais duradouro que o bronze. De uma das *Odes* (3, 30, 1) de Horácio (65-8 a.C.).

foi diferente no meu primeiro contato com Horácio. Até hoje, poeta algum me proporcionou o mesmo encanto artístico que me foi dado desde o início por uma ode horaciana. Em certas línguas não se pode nem mesmo *querer* o que foi alcançado aqui. Esse mosaico de palavras em que cada uma delas, como som, como lugar, como conceito, derrama a sua força à direita e à esquerda e sobre o todo, esse *minimum* em extensão e número de signos, esse *maximum* assim alcançado na energia dos signos – tudo isso é romano e, se quiserem acreditar em mim, *nobre par excellence*. Toda a poesia restante, em comparação, se torna algo popular demais – mera tagarelice sentimental...

2.

Não devo aos gregos quaisquer impressões aparentadas em força; e, para dizê-lo francamente, eles não *podem* ser para nós o que são os romanos. Não se *aprende* dos gregos – sua índole é estrangeira demais, também é fluida demais, para agir de maneira imperativa, "clássica". Quem alguma vez teria aprendido a escrever com um grego? Quem teria aprendido *sem* os romanos?... Que ninguém me venha com Platão. Sou profundamente cético em relação a ele e nunca fui capaz de tomar parte na admiração pelo *artista* Platão, tradicional entre estudiosos. No fim das contas, tenho ao meu lado os mais refinados juízes de gosto entre os próprios antigos. Platão, segundo me parece, mistura todas as formas de estilo e, assim, é um dos *primeiros décadents* do estilo: ele carrega em sua consciência uma culpa semelhante à dos cínicos que inventaram a *satura Menippea*.* Para que o diálogo platônico, essa espécie de dialética medonhamente pueril e presunçosa, possa exercer alguma atração, é preciso nunca ter lido bons franceses – Fontenelle, por exemplo.** Platão é enfadonho. – Minha desconfiança em relação a ele chega, por fim, ao extremo: acho-o tão desgarrado de todos os instintos básicos dos helenos, tão moralizado, tão pré-cristão – o conceito de "bom" já é o seu conceito supremo –, que gostaria de aplicar a todo o fenômeno Platão, antes de qualquer outra, a dura expressão "patranha superior" – ou, caso preferirem, idealismo. Pagou-se caro pelo fato desse ateniense ter frequentado uma escola egípcia (ou uma escola judaica no Egito?...). Na grande fatalidade do cristianismo, Platão é aquela ambiguidade e fascinação chamada de "ideal" que tornou possível às naturezas nobres da Antiguidade entender mal a si próprias e pisar na *ponte* que levou à "cruz"... E quanto ainda há de Platão no conceito de "Igreja", no edifício, no sistema, na prática da Igreja! – Meu descanso, minha predileção, minha *cura* de todo platonismo, sempre foi *Tucídides*.*** Tucídides e talvez *O príncipe*, de Maquiavel, são os mais estreitamente aparentados a mim na vontade incondicional de não se deixar enganar e de ver a razão na *realidade* – *não* na "razão", muito menos na "moral"...

---

* Sátira menipeia. Na definição precisa e concisa do *Houaiss*: "Gênero de sátira, geralmente em prosa, que se caracteriza pela diversidade dos assuntos abordados e pela forma atraente de expor as ideias. Criada por Menipo (primeira metade do séc. III a.C.), foi introduzida em Roma por Varrão (116 a.C.-27 a.C.)".

** Bernard Le Bovier de Fontenelle (1657-1757), autor do *Diálogo sobre a multiplicidade dos mundos* e do *Diálogo dos mortos*.

*** Tucídides (c.455-c.396 a.C.): autor da *História da guerra do Peloponeso*.

Nada melhor do que Tucídides para curar do deplorável tingimento idealista dos gregos que o jovem "classicamente formado" leva para sua vida como recompensa por seu adestramento ginasial. É preciso virá-lo linha por linha e ler seus pensamentos secretos tão claramente quanto suas palavras: há poucos pensadores tão ricos em pensamentos secretos. A *cultura dos sofistas*, quer dizer, a *cultura dos realistas*, alcança nele sua mais perfeita expressão: esse movimento inestimável em meio à patranha ideal e moral das escolas socráticas que acabava de irromper em toda parte. A filosofia grega como a *décadence* do instinto grego; Tucídides como a grande soma, a derradeira revelação daquela objetividade forte, severa e dura que se encontrava no instinto dos antigos helenos. É a *coragem* para a realidade, afinal, o que distingue entre naturezas como as de Tucídides e Platão: Platão é um covarde frente à realidade – *logo*, ele se refugia no ideal; Tucídides é senhor de *si*; logo, também é senhor das coisas...

3.

Descobrir nos gregos "belas almas", "áureas mediocridades" e outras perfeições, admirar neles, por exemplo, a calma na grandeza, a maneira ideal de ser, a elevada simplicidade – dessa "elevada simplicidade", uma *niaiserie allemande** afinal, fui protegido pelo psicólogo que levava em mim. Eu vi seu instinto mais forte, a vontade de poder, eu os vi estremecer diante da violência indômita desse impulso – vi todas as suas instituições brotarem de medidas de proteção para se salvaguardarem mutua-

* Tolice alemã.

mente de seus *explosivos* interiores. A formidável tensão no interior se descarregava então numa terrível e brutal hostilidade contra o exterior: as cidades se despedaçavam entre si para que os cidadãos de cada uma delas tivessem paz consigo mesmos. Ser forte era uma necessidade: o perigo estava próximo – ele espreitava em toda parte. A magnífica agilidade corporal, o realismo e o imoralismo temerários, próprios dos helenos, foram uma *necessidade*, não uma "natureza". Eles foram uma consequência, não estiveram presentes desde o início. E com as artes e os festejos, os gregos não queriam outra coisa senão se sentir *em cima*, se *mostrar* em cima: são meios de glorificar a si mesmo, e às vezes, de inspirar medo a si mesmo... Julgar os gregos pelos seus filósofos, à maneira alemã, usar a bonomia das escolas socráticas para explicar *o que* é, no fundo, helênico!... Os filósofos são, afinal, os *décadents* do helenismo, o movimento contrário ao gosto antigo, nobre (contrário ao instinto agonal, à pólis, ao valor da raça, à autoridade da tradição). As virtudes socráticas foram pregadas *porque* os gregos as tinham perdido: irritadiços, medrosos, instáveis, comediantes na sua totalidade, eles tinham algumas razões de sobra para deixar que alguém lhes pregasse moral. Não que isso tenha ajudado alguma coisa: mas grandes palavras e poses ficam tão bem em *décadents*...

4.

Eu fui o primeiro que, para compreender o instinto helênico mais antigo, ainda rico e mesmo transbordante, levou a sério esse magnífico fenômeno que leva o nome de Dioniso: ele apenas é explicável por um *excesso* de força. Quem estuda os gregos, como o maior conhecedor vivo de sua cultura, Jakob Burckhardt, de Basileia, logo soube que com isso eu tinha conseguido alguma coisa: Burckhardt acrescentou à sua *Cultura dos gregos* um capítulo específico acerca do mencionado fenômeno. Caso se queira um contraste, basta dar uma olhada na quase divertida pobreza de instintos dos filólogos alemães quando se acercam do dionisíaco. O célebre Lobeck*, em especial, que, com a respeitável segurança de um verme ressecado entre livros, se arrastou para dentro desse mundo de estados misteriosos e se convenceu de que assim agia cientificamente, a ponto de ser leviano e pueril até as raias do asco – Lobeck deu a entender, com grande dispêndio de erudição, que todas essas curiosidades realmente não importavam. Na verdade, os sacerdotes podem ter comunicado aos participantes de tais orgias algumas coisas que não eram destituídas de valor: que o vinho estimula a volúpia, que às vezes o homem vive de frutos, que as plantas florescem na primavera e murcham no outono, por exemplo. Quanto à surpreendente riqueza de ritos, símbolos e mitos de origem orgiástica, dos quais o mundo antigo está literalmente coberto, Lobeck encontra nela uma ocasião para elevar a sua engenhosidade em mais um grau. "Os gregos", afirma ele em *Aglaophamus* I, 672, "quando não tinham mais o que fazer, riam, pulavam, corriam a esmo, ou, visto que às vezes o homem também tem vontade disso, se sentavam, choravam e se lamentavam. Vieram *outros* depois e buscaram uma razão qualquer para essa natureza estranha; e assim surgiram, como explicação para esses costumes, aquelas incontá-

* August Lobeck (1781-1860): filólogo clássico.

veis lendas festivas e mitos. Por outro lado, se acreditou que aquela *agitação burlesca* que tinha lugar nos dias de festa também pertencesse necessariamente à celebração, e ela foi mantida como parte indispensável do culto." – Isso é tagarelice desprezível, não se levará um Lobeck a sério nem por um momento. Somos tocados de maneira completamente diferente quando examinamos o conceito de "grego" forjado por Winckelmann* e por Goethe, e vemos que é incompatível com aquele elemento do qual brota a arte dionisíaca – com o orgiasmo.** Não duvido, de fato, que Goethe teria excluído radicalmente algo assim das possibilidades da alma grega. *Portanto, Goethe não compreendeu os gregos*. Pois apenas nos mistérios dionisíacos, na psicologia do estado dionisíaco, se manifesta o *fato fundamental* do instinto helênico – sua "vontade de vida". *O que* o heleno garantia a si mesmo com esses mistérios? A vida *eterna*, o eterno retorno da vida; o futuro prometido e consagrado no passado; o sim triunfante à vida ultrapassando a morte e a mudança; a vida *verdadeira* como continuação geral da vida através da geração, através dos mistérios da sexualidade. Por isso, o símbolo *sexual* era para os gregos o símbolo venerável em si, a verdadeira profundidade em toda a devoção antiga. Todos os detalhes do ato de geração, da gravidez, do nascimento, despertavam os sentimentos mais elevados e mais solenes. Na doutrina dos mistérios, a *dor* é santificada: as "dores da parturiente" santificam a dor em geral – todo devir e crescer, tudo o que garante futuro, *requer* a dor... Para

* Johann Joachim Winckelmann (1717-1768), autor de *História da arte da Antiguidade*.

** Celebração desenfreada, própria das festas em honra a Dioniso, as dionisíacas.

que exista a eterna volúpia da criação, para que a vontade de vida afirme a si mesma eternamente, também *precisa* existir o "tormento da parturiente", eternidade afora... A palavra Dioniso significa tudo isso: não conheço simbolismo mais elevado do que esse simbolismo *grego*, o das dionisíacas. Nele, o instinto mais profundo da vida, o de futuro da vida, de eternidade da vida, é considerado religiosamente – o próprio caminho que leva à vida, a geração, é considerado caminho *sagrado*... Só o cristianismo, com seu ressentimento *contra* a vida por fundamento, fez da sexualidade algo impuro: ele jogou *lama* no começo, no pressuposto, de nossa vida...

5.

A psicologia do orgiasmo, entendido como um transbordante sentimento de vida e de força no qual mesmo a dor ainda atua como estimulante, me deu a chave para o conceito de sentimento *trágico*, mal compreendido tanto por Aristóteles quanto em especial pelos nossos pessimistas. A tragédia está tão longe de provar algo a favor do pessimismo dos helenos no sentido de Schopenhauer, que ela tem de ser considerada, antes, como sua recusa decisiva e *instância contrária*. O dizer sim à vida mesmo em seus problemas mais estranhos e mais duros; a vontade de vida se alegrando com a própria inesgotabilidade no *sacrifício* de seus tipos mais elevados – foi *isso* o que chamei de dionisíaco, descobri que *isso* era a ponte que levava à psicologia do poeta *trágico*. *Não* para se livrar do horror e da compaixão, não para se purificar de um afeto perigoso através de sua descarga veemente – essa é a compreensão de Aristóteles –: mas para, ultrapassando o horror e a compaixão, *ser a própria* volúpia eterna do devir – essa volúpia que também inclui a *volúpia na destruição*... E assim toco outra vez o ponto do qual um dia parti – o *Nascimento da tragédia* foi minha primeira transvaloração de todos os valores: assim me recoloco no solo do qual cresce o meu querer, o meu *poder* – eu, o último discípulo do filósofo Dioniso – eu, o mestre do eterno retorno...

Fala o martelo

Assim falou Zaratustra, 3,
"Das velhas e novas tábuas", 29

"Por que tão duro?" – perguntou certa vez ao diamante o carvão de cozinha: "Não somos parentes próximos?"

Por que tão moles? Oh, meus irmãos, essa é a pergunta que vos faço: não sois – meus irmãos?

Por que tão moles, por que cedeis e condescendeis assim? Por que há tanta negação e renegação em vossos corações? Tão pouco destino em vossos olhares?

E se não quereis ser destinos e implacáveis: como podereis algum dia – vencer comigo?

E se vossa dureza não quiser resplandecer e talhar e retalhar: como podereis algum dia – criar comigo?

Pois todos os criadores são duros. E deverá vos parecer bem-aventurança imprimir vossa mão nos milênios como se fossem cera –

Bem-aventurança, escrever na vontade de milênios como se fosse bronze – mais duros que o bronze, mais nobres que o bronze. Só o inteiramente duro é o mais nobre.

Esta nova tábua, oh meus irmãos, coloco acima de vós: tornai-vos duros!

750.**Tito Andrônico** – Shakespeare
751.**Antologia poética** – Anna Akhmátova
752.**O melhor de Hagar 6** – Dik e Chris Browne
753(12).**Michelangelo** – Nadine Sautel
754.**Dilbert (4)** – Scott Adams
755.**O jardim das cerejeiras** *seguido de* **Tio Vânia** – Tchékhov
756.**Geração Beat** – Claudio Willer
757.**Santos Dumont** – Alcy Cheuiche
758.**Budismo** – Claude B. Levenson
759.**Cleópatra** – Christian-Georges Schwentzel
760.**Revolução Francesa** – Frédéric Bluche, Stéphane Rials e Jean Tulard
761.**A crise de 1929** – Bernard Gazier
762.**Sigmund Freud** – Edson Sousa e Paulo Endo
763.**Império Romano** – Patrick Le Roux
764.**Cruzadas** – Cécile Morrisson
765.**O mistério do Trem Azul** – Agatha Christie
768.**Senso comum** – Thomas Paine
769.**O parque dos dinossauros** – Michael Crichton
770.**Trilogia da paixão** – Goethe
773.**Snoopy: No mundo da lua! (8)** – Charles Schulz
774.**Os Quatro Grandes** – Agatha Christie
775.**Um brinde de cianureto** – Agatha Christie
776.**Súplicas atendidas** – Truman Capote
779.**A viúva imortal** – Millôr Fernandes
780.**Cabala** – Roland Goetschel
781.**Capitalismo** – Claude Jessua
782.**Mitologia grega** – Pierre Grimal
783.**Economia: 100 palavras-chave** – Jean-Paul Betbèze
784.**Marxismo** – Henri Lefebvre
785.**Punição para a inocência** – Agatha Christie
786.**A extravagância do morto** – Agatha Christie
787(13).**Cézanne** – Bernard Fauconnier
788.**A identidade Bourne** – Robert Ludlum
789.**Da tranquilidade da alma** – Sêneca
790.**Um artista da fome** *seguido de* **Na colônia penal e outras histórias** – Kafka
791.**Histórias de fantasmas** – Charles Dickens
796.**O Uraguai** – Basílio da Gama
797.**A mão misteriosa** – Agatha Christie
798.**Testemunha ocular do crime** – Agatha Christie
799.**Crepúsculo dos ídolos** – Friedrich Nietzsche
802.**O grande golpe** – Dashiell Hammett
803.**Humor barra pesada** – Nani
804.**Vinho** – Jean-François Gautier
805.**Egito Antigo** – Sophie Desplancques
806(14).**Baudelaire** – Jean-Baptiste Baronian
807.**Caminho da sabedoria, caminho da paz** – Dalai Lama e Felizitas von Schönborn
808.**Senhor e servo e outras histórias** – Tolstói
809.**Os cadernos de Malte Laurids Brigge** – Rilke
810.**Dilbert (5)** – Scott Adams
811.**Big Sur** – Jack Kerouac
812.**Seguindo a correnteza** – Agatha Christie
813.**O álibi** – Sandra Brown
814.**Montanha-russa** – Martha Medeiros
815.**Coisas da vida** – Martha Medeiros
816.**A cantada infalível** *seguido de* **A mulher do centroavante** – David Coimbra
819.**Snoopy: Pausa para a soneca (9)** – Charles Schulz
820.**De pernas pro ar** – Eduardo Galeano
821.**Tragédias gregas** – Pascal Thiercy
822.**Existencialismo** – Jacques Colette
823.**Nietzsche** – Jean Granier
824.**Amar ou depender?** – Walter Riso
825.**Darmapada: A doutrina budista em versos**
826.**J'Accuse...! – a verdade em marcha** – Zola
827.**Os crimes ABC** – Agatha Christie
828.**Um gato entre os pombos** – Agatha Christie
831.**Dicionário de teatro** – Luiz Paulo Vasconcellos
832.**Cartas extraviadas** – Martha Medeiros
833.**A longa viagem de prazer** – J. J. Morosoli
834.**Receitas fáceis** – J. A. Pinheiro Machado
835.(14).**Mais fatos & mitos** – Dr. Fernando Lucchese
836.(15).**Boa viagem!** – Dr. Fernando Lucchese
837.**Aline: Finalmente nua!!! (4)** – Adão Iturrusgarai
838.**Mônica tem uma novidade!** – Mauricio de Sousa
839.**Cebolinha em apuros!** – Mauricio de Sousa
840.**Sócios no crime** – Agatha Christie
841.**Bocas do tempo** – Eduardo Galeano
842.**Orgulho e preconceito** – Jane Austen
843.**Impressionismo** – Dominique Lobstein
844.**Escrita chinesa** – Viviane Alleton
845.**Paris: uma história** – Yvan Combeau
846(15).**Van Gogh** – David Haziot
848.**Portal do destino** – Agatha Christie
849.**O futuro de uma ilusão** – Freud
850.**O mal-estar na cultura** – Freud
853.**Um crime adormecido** – Agatha Christie
854.**Satori em Paris** – Jack Kerouac
855.**Medo e delírio em Las Vegas** – Hunter Thompson
856.**Um negócio fracassado e outros contos de humor** – Tchékhov
857.**Mônica está de férias!** – Mauricio de Sousa
858.**De quem é esse coelho?** – Mauricio de Sousa
860.**O mistério Sittaford** – Agatha Christie
861.**Manhã transfigurada** – L. A. de Assis Brasil
862.**Alexandre, o Grande** – Pierre Briant
863.**Jesus** – Charles Perrot
864.**Islã** – Paul Balta
865.**Guerra da Secessão** – Farid Ameur
866.**Um rio que vem da Grécia** – Cláudio Moreno
868.**Assassinato na casa do pastor** – Agatha Christie
869.**Manual do líder** – Napoleão Bonaparte
870(16).**Billie Holiday** – Sylvia Fol
871.**Bidu arrasando!** – Mauricio de Sousa
872.**Os Sousa: Desventuras em família** – Mauricio de Sousa
874.**E no final a morte** – Agatha Christie

875.**Guia prático do Português correto – vol. 4** – Cláudio Moreno
876.**Dilbert (6)** – Scott Adams
877(17).**Leonardo da Vinci** – Sophie Chauveau
878.**Bella Toscana** – Frances Mayes
879.**A arte da ficção** – David Lodge
880.**Striptiras (4)** – Laerte
881.**Skrotinhos** – Angeli
882.**Depois do funeral** – Agatha Christie
883.**Radicci 7** – Iotti
884.**Walden** – H. D. Thoreau
885.**Lincoln** – Allen C. Guelzo
886.**Primeira Guerra Mundial** – Michael Howard
887.**A linha de sombra** – Joseph Conrad
888.**O amor é um cão dos diabos** – Bukowski
890.**Despertar: uma vida de Buda** – Jack Kerouac
891(18).**Albert Einstein** – Laurent Seksik
892.**Hell's Angels** – Hunter Thompson
893.**Ausência na primavera** – Agatha Christie
894.**Dilbert (7)** – Scott Adams
895.**Ao sul de lugar nenhum** – Bukowski
896.**Maquiavel** – Quentin Skinner
897.**Sócrates** – C.C.W. Taylor
899.**O Natal de Poirot** – Agatha Christie
900.**As veias abertas da América Latina** – Eduardo Galeano
901.**Snoopy: Sempre alerta! (10)** – Charles Schulz
902.**Chico Bento: Plantando confusão** – Mauricio de Sousa
903.**Penadinho: Quem é morto sempre aparece** – Mauricio de Sousa
904.**A vida sexual da mulher feia** – Claudia Tajes
905.**100 segredos de liquidificador** – José Antonio Pinheiro Machado
906.**Sexo muito prazer 2** – Laura Meyer da Silva
907.**Os nascimentos** – Eduardo Galeano
908.**As caras e as máscaras** – Eduardo Galeano
909.**O século do vento** – Eduardo Galeano
910.**Poirot perde uma cliente** – Agatha Christie
911.**Cérebro** – Michael O'Shea
912.**O escaravelho de ouro e outras histórias** – Edgar Allan Poe
913.**Piadas para sempre (4)** – Visconde da Casa Verde
914.**100 receitas de massas light** – Helena Tonetto
915(19).**Oscar Wilde** – Daniel Salvatore Schiffer
916.**Uma breve história do mundo** – H. G. Wells
917.**A Casa do Penhasco** – Agatha Christie
919.**John M. Keynes** – Bernard Gazier
920(20).**Virginia Woolf** – Alexandra Lemasson
921.**Peter e Wendy** *seguido de* **Peter Pan em Kensington Gardens** – J. M. Barrie
922.**Aline: numas de colegial (5)** – Adão Iturrusgarai
923.**Uma dose mortal** – Agatha Christie
924.**Os trabalhos de Hércules** – Agatha Christie
926.**Kant** – Roger Scruton
927.**A inocência do Padre Brown** – G.K. Chesterton
928.**Casa Velha** – Machado de Assis
929.**Marcas de nascença** – Nancy Huston
930.**Aulete de bolso**
931.**Hora Zero** – Agatha Christie
932.**Morte na Mesopotâmia** – Agatha Christie
934.**Nem te conto, João** – Dalton Trevisan
935.**As aventuras de Huckleberry Finn** – Mark Twain
936(21).**Marilyn Monroe** – Anne Plantagenet
937.**China moderna** – Rana Mitter
938.**Dinossauros** – David Norman
939.**Louca por homem** – Claudia Tajes
940.**Amores de alto risco** – Walter Riso
941.**Jogo de damas** – David Coimbra
942.**Filha é filha** – Agatha Christie
943.**M ou N?** – Agatha Christie
945.**Bidu: diversão em dobro!** – Mauricio de Sousa
946.**Fogo** – Anaïs Nin
947.**Rum: diário de um jornalista bêbado** – Hunter Thompson
948.**Persuasão** – Jane Austen
949.**Lágrimas na chuva** – Sergio Faraco
950.**Mulheres** – Bukowski
951.**Um pressentimento funesto** – Agatha Christie
952.**Cartas na mesa** – Agatha Christie
954.**O lobo do mar** – Jack London
955.**Os gatos** – Patricia Highsmith
956(22).**Jesus** – Christiane Rancé
957.**História da medicina** – William Bynum
958.**O Morro dos Ventos Uivantes** – Emily Brontë
959.**A filosofia na era trágica dos gregos** – Nietzsche
960.**Os treze problemas** – Agatha Christie
961.**A massagista japonesa** – Moacyr Scliar
963.**Humor do miserê** – Nani
964.**Todo o mundo tem dúvida, inclusive você** – Édison de Oliveira
965.**A dama do Bar Nevada** – Sergio Faraco
969.**O psicopata americano** – Bret Easton Ellis
970.**Ensaios de amor** – Alain de Botton
971.**O grande Gatsby** – F. Scott Fitzgerald
972.**Por que não sou cristão** – Bertrand Russell
973.**A Casa Torta** – Agatha Christie
974.**Encontro com a morte** – Agatha Christie
975(23).**Rimbaud** – Jean-Baptiste Baronian
976.**Cartas na rua** – Bukowski
977.**Memória** – Jonathan K. Foster
978.**A abadia de Northanger** – Jane Austen
979.**As pernas de Úrsula** – Claudia Tajes
980.**Retrato inacabado** – Agatha Christie
981.**Solanin (1)** – Inio Asano
982.**Solanin (2)** – Inio Asano
983.**Aventuras de menino** – Mitsuru Adachi
984(16).**Fatos & mitos sobre sua alimentação** – Dr. Fernando Lucchese
985.**Teoria quântica** – John Polkinghorne
986.**O eterno marido** – Fiódor Dostoiévski
987.**Um safado em Dublin** – J. P. Donleavy
988.**Mirinha** – Dalton Trevisan
989.**Akhenaton e Nefertiti** – Carmen Seganfredo e A. S. Franchini
990.**On the Road – o manuscrito original** – Jack Kerouac
991.**Relatividade** – Russell Stannard

992.**Abaixo de zero** – Bret Easton Ellis
993(24).**Andy Warhol** – Mériam Korichi
995.**Os últimos casos de Miss Marple** – Agatha Christie
996.**Nico Demo: Aí vem encrenca** – Mauricio de Sousa
998.**Rousseau** – Robert Wokler
999.**Noite sem fim** – Agatha Christie
1000.**Diários de Andy Warhol (1)** – Editado por Pat Hackett
1001.**Diários de Andy Warhol (2)** – Editado por Pat Hackett
1002.**Cartier-Bresson: o olhar do século** – Pierre Assouline
1003.**As melhores histórias da mitologia: vol. 1** – A.S. Franchini e Carmen Seganfredo
1004.**As melhores histórias da mitologia: vol. 2** – A.S. Franchini e Carmen Seganfredo
1005.**Assassinato no beco** – Agatha Christie
1006.**Convite para um homicídio** – Agatha Christie
1008.**História da vida** – Michael J. Benton
1009.**Jung** – Anthony Stevens
1010.**Arsène Lupin, ladrão de casaca** – Maurice Leblanc
1011.**Dublinenses** – James Joyce
1012.**120 tirinhas da Turma da Mônica** – Mauricio de Sousa
1013.**Antologia poética** – Fernando Pessoa
1014.**A aventura de um cliente ilustre** ***seguido de*** **O último adeus de Sherlock Holmes** – Sir Arthur Conan Doyle
1015.**Cenas de Nova York** – Jack Kerouac
1016.**A corista** – Anton Tchékhov
1017.**O diabo** – Leon Tolstói
1018.**Fábulas chinesas** – Sérgio Capparelli e Márcia Schmaltz
1019.**O gato do Brasil** – Sir Arthur Conan Doyle
1020.**Missa do Galo** – Machado de Assis
1021.**O mistério de Marie Rogêt** – Edgar Allan Poe
1022.**A mulher mais linda da cidade** – Bukowski
1023.**O retrato** – Nicolai Gogol
1024.**O conflito** – Agatha Christie
1025.**Os primeiros casos de Poirot** – Agatha Christie
1027(25).**Beethoven** – Bernard Fauconnier
1028.**Platão** – Julia Annas
1029.**Cleo e Daniel** – Roberto Freire
1030.**Til** – José de Alencar
1031.**Viagens na minha terra** – Almeida Garrett
1032.**Profissões para mulheres e outros artigos feministas** – Virginia Woolf
1033.**Mrs. Dalloway** – Virginia Woolf
1034.**O cão da morte** – Agatha Christie
1035.**Tragédia em três atos** – Agatha Christie
1037.**O fantasma da Ópera** – Gaston Leroux
1038.**Evolução** – Brian e Deborah Charlesworth
1039.**Medida por medida** – Shakespeare
1040.**Razão e sentimento** – Jane Austen
1041.**A obra-prima ignorada** ***seguido de*** **Um episódio durante o Terror** – Balzac
1042.**A fugitiva** – Anaïs Nin
1043.**As grandes histórias da mitologia greco-romana** – A. S. Franchini
1044.**O corno de si mesmo & outras historietas** – Marquês de Sade
1045.**Da felicidade** ***seguido de*** **Da vida retirada** – Sêneca
1046.**O horror em Red Hook e outras histórias** – H. P. Lovecraft
1047.**Noite em claro** – Martha Medeiros
1048.**Poemas clássicos chineses** – Li Bai, Du Fu e Wang Wei
1049.**A terceira moça** – Agatha Christie
1050.**Um destino ignorado** – Agatha Christie
1051(26).**Buda** – Sophie Royer
1052.**Guerra Fria** – Robert J. McMahon
1053.**Simons's Cat: as aventuras de um gato travesso e comilão – vol. 1** – Simon Tofield
1054.**Simons's Cat: as aventuras de um gato travesso e comilão – vol. 2** – Simon Tofield
1055.**Só as mulheres e as baratas sobreviverão** – Claudia Tajes
1057.**Pré-história** – Chris Gosden
1058.**Pintou sujeira!** – Mauricio de Sousa
1059.**Contos de Mamãe Gansa** – Charles Perrault
1060.**A interpretação dos sonhos: vol. 1** – Freud
1061.**A interpretação dos sonhos: vol. 2** – Freud
1062.**Frufru Rataplã Dolores** – Dalton Trevisan
1063.**As melhores histórias da mitologia egípcia** – Carmem Seganfredo e A.S. Franchini
1064.**Infância. Adolescência. Juventude** – Tolstói
1065.**As consolações da filosofia** – Alain de Botton
1066.**Diários de Jack Kerouac – 1947-1954**
1067.**Revolução Francesa – vol. 1** – Max Gallo
1068.**Revolução Francesa – vol. 2** – Max Gallo
1069.**O detetive Parker Pyne** – Agatha Christie
1070.**Memórias do esquecimento** – Flávio Tavares
1071.**Drogas** – Leslie Iversen
1072.**Manual de ecologia (vol.2)** – J. Lutzenberger
1073.**Como andar no labirinto** – Affonso Romano de Sant'Anna
1074.**A orquídea e o serial killer** – Juremir Machado da Silva
1075.**Amor nos tempos de fúria** – Lawrence Ferlinghetti
1076.**A aventura do pudim de Natal** – Agatha Christie
1078.**Amores que matam** – Patricia Faur
1079.**Histórias de pescador** – Mauricio de Sousa
1080.**Pedaços de um caderno manchado de vinho** – Bukowski
1081.**A ferro e fogo: tempo de solidão (vol.1)** – Josué Guimarães
1082.**A ferro e fogo: tempo de guerra (vol.2)** – Josué Guimarães
1084(17).**Desembarcando o Alzheimer** – Dr. Fernando Lucchese e Dra. Ana Hartmann
1085.**A maldição do espelho** – Agatha Christie
1086.**Uma breve história da filosofia** – Nigel Warburton
1088.**Heróis da História** – Will Durant
1089.**Concerto campestre** – L. A. de Assis Brasil
1090.**Morte nas nuvens** – Agatha Christie
1092.**Aventura em Bagdá** – Agatha Christie

1093.**O cavalo amarelo** – Agatha Christie
1094.**O método de interpretação dos sonhos** – Freud
1095.**Sonetos de amor e desamor** – Vários
1096.**120 tirinhas do Dilbert** – Scott Adams
1097.**200 fábulas de Esopo**
1098.**O curioso caso de Benjamin Button** – F. Scott Fitzgerald
1099.**Piadas para sempre: uma antologia para morrer de rir** – Visconde da Casa Verde
1100.**Hamlet (Mangá)** – Shakespeare
1101.**A arte da guerra (Mangá)** – Sun Tzu
1104.**As melhores histórias da Bíblia (vol.1)** – A. S. Franchini e Carmen Seganfredo
1105.**As melhores histórias da Bíblia (vol.2)** – A. S. Franchini e Carmen Seganfredo
1106.**Psicologia das massas e análise do eu** – Freud
1107.**Guerra Civil Espanhola** – Helen Graham
1108.**A autoestrada do sul e outras histórias** – Julio Cortázar
1109.**O mistério dos sete relógios** – Agatha Christie
1110.**Peanuts: Ninguém gosta de mim... (amor)** – Charles Schulz
1111.**Cadê o bolo?** – Mauricio de Sousa
1112.**O filósofo ignorante** – Voltaire
1113.**Totem e tabu** – Freud
1114.**Filosofia pré-socrática** – Catherine Osborne
1115.**Desejo de status** – Alain de Botton
1118.**Passageiro para Frankfurt** – Agatha Christie
1120.**Kill All Enemies** – Melvin Burgess
1121.**A morte da sra. McGinty** – Agatha Christie
1122.**Revolução Russa** – S. A. Smith
1123.**Até você, Capitu?** – Dalton Trevisan
1124.**O grande Gatsby (Mangá)** – F. S. Fitzgerald
1125.**Assim falou Zaratustra (Mangá)** – Nietzsche
1126. **Peanuts: É para isso que servem os amigos (amizade)** – Charles Schulz
1127(27).**Nietzsche** – Dorian Astor
1128.**Bidu: Hora do banho** – Mauricio de Sousa
1129.**O melhor do Macanudo Taurino** – Santiago
1130.**Radicci 30 anos** – Iotti
1131.**Show de sabores** – J.A. Pinheiro Machado
1132.**O prazer das palavras** – vol. 3 – Cláudio Moreno
1133.**Morte na praia** – Agatha Christie
1134.**O fardo** – Agatha Christie
1135.**Manifesto do Partido Comunista (Mangá)** – Marx & Engels
1136.**A metamorfose (Mangá)** – Franz Kafka
1137.**Por que você não se casou... ainda** – Tracy McMillan
1138.**Textos autobiográficos** – Bukowski
1139.**A importância de ser prudente** – Oscar Wilde
1140.**Sobre a vontade na natureza** – Arthur Schopenhauer
1141.**Dilbert (8)** – Scott Adams
1142.**Entre dois amores** – Agatha Christie
1143.**Cipreste triste** – Agatha Christie
1144.**Alguém viu uma assombração?** – Mauricio de Sousa
1145.**Mandela** – Elleke Boehmer
1146.**Retrato do artista quando jovem** – James Joyce
1147.**Zadig ou o destino** – Voltaire
1148.**O contrato social (Mangá)** – J.-J. Rousseau
1149.**Garfield fenomenal** – Jim Davis
1150.**A queda da América** – Allen Ginsberg
1151.**Música na noite & outros ensaios** – Aldous Huxley
1152.**Poesias inéditas & Poemas dramáticos** – Fernando Pessoa
1153.**Peanuts: Felicidade é...** – Charles M. Schulz
1154.**Mate-me por favor** – Legs McNeil e Gillian McCain
1155.**Assassinato no Expresso Oriente** – Agatha Christie
1156.**Um punhado de centeio** – Agatha Christie
1157.**A interpretação dos sonhos (Mangá)** – Freud
1158.**Peanuts: Você não entende o sentido da vida** – Charles M. Schulz
1159.**A dinastia Rothschild** – Herbert R. Lottman
1160.**A Mansão Hollow** – Agatha Christie
1161.**Nas montanhas da loucura** – H.P. Lovecraft
1162(28).**Napoleão Bonaparte** – Pascale Fautrier
1163.**Um corpo na biblioteca** – Agatha Christie
1164.**Inovação** – Mark Dodgson e David Gann
1165.**O que toda mulher deve saber sobre os homens: a afetividade masculina** – Walter Riso
1166.**O amor está no ar** – Mauricio de Sousa
1167.**Testemunha de acusação & outras histórias** – Agatha Christie
1168.**Etiqueta de bolso** – Celia Ribeiro
1169.**Poesia reunida (volume 3)** – Affonso Romano de Sant'Anna
1170.**Emma** – Jane Austen
1171.**Que seja em segredo** – Ana Miranda
1172.**Garfield sem apetite** – Jim Davis
1173.**Garfield: Foi mal...** – Jim Davis
1174.**Os irmãos Karamázov (Mangá)** – Dostoiévski
1175.**O Pequeno Príncipe** – Antoine de Saint-Exupéry
1176.**Peanuts: Ninguém mais tem o espírito aventureiro** – Charles M. Schulz
1177.**Assim falou Zaratustra** – Nietzsche
1178.**Morte no Nilo** – Agatha Christie
1179.**Ê, soneca boa** – Mauricio de Sousa
1180.**Garfield a todo o vapor** – Jim Davis
1181.**Em busca do tempo perdido (Mangá)** – Proust
1182.**Cai o pano: o último caso de Poirot** – Agatha Christie
1183.**Livro para colorir e relaxar** – Livro 1
1184.**Para colorir sem parar**
1185.**Os elefantes não esquecem** – Agatha Christie
1186.**Teoria da relatividade** – Albert Einstein
1187.**Compêndio da psicanálise** – Freud
1188.**Visões de Gerard** – Jack Kerouac
1189.**Fim de verão** – Mohiro Kitoh
1190.**Procurando diversão** – Mauricio de Sousa
1191.**E não sobrou nenhum e outras peças** – Agatha Christie
1192.**Ansiedade** – Daniel Freeman & Jason Freeman

1193.**Garfield: pausa para o almoço** – Jim Davis
1194.**Contos do dia e da noite** – Guy de Maupassant
1195.**O melhor de Hagar 7** – Dik Browne
1196(29).**Lou Andreas-Salomé** – Dorian Astor
1197(30).**Pasolini** – René de Ceccatty
1198.**O caso do Hotel Bertram** – Agatha Christie
1199.**Crônicas de motel** – Sam Shepard
1200.**Pequena filosofia da paz interior** – Catherine Rambert
1201.**Os sertões** – Euclides da Cunha
1202.**Treze à mesa** – Agatha Christie
1203.**Bíblia** – John Riches
1204.**Anjos** – David Albert Jones
1205.**As tirinhas do Guri de Uruguaiana 1** – Jair Kobe
1206.**Entre aspas (vol.1)** – Fernando Eichenberg
1207.**Escrita** – Andrew Robinson
1208.**O spleen de Paris: pequenos poemas em prosa** – Charles Baudelaire
1209.**Satíricon** – Petrônio
1210.**O avarento** – Molière
1211.**Queimando na água, afogando-se na chama** – Bukowski
1212.**Miscelânea septuagenária: contos e poemas** – Bukowski
1213.**Que filosofar é aprender a morrer e outros ensaios** – Montaigne
1214.**Da amizade e outros ensaios** – Montaigne
1215.**O medo à espreita e outras histórias** – H.P. Lovecraft
1216.**A obra de arte na era de sua reprodutibilidade técnica** – Walter Benjamin
1217.**Sobre a liberdade** – John Stuart Mill
1218.**O segredo de Chimneys** – Agatha Christie
1219.**Morte na rua Hickory** – Agatha Christie
1220.**Ulisses (Mangá) –** James Joyce
1221.**Ateísmo** – Julian Baggini
1222.**Os melhores contos de Katherine Mansfield** – Katherine Mansfield
1223(31).**Martin Luther King** – Alain Foix
1224.**Millôr Definitivo: uma antologia de *A Bíblia do Caos*** – Millôr Fernandes
1225.**O Clube das Terças-Feiras e outras histórias** – Agatha Christie
1226.**Por que sou tão sábio** – Nietzsche
1227.**Sobre a mentira** – Platão
1228.**Sobre a leitura** ***seguido do*** **Depoimento de Céleste Albaret** – Proust
1229.**O homem do terno marrom** – Agatha Christie
1230(32).**Jimi Hendrix** – Franck Médioni
1231.**Amor e amizade e outras histórias** – Jane Austen
1232.**Lady Susan, Os Watson e Sanditon** – Jane Austen
1233.**Uma breve história da ciência** – William Bynum
1234.**Macunaíma: o herói sem nenhum caráter** – Mário de Andrade
1235.**A máquina do tempo** – H.G. Wells
1236.**O homem invisível** – H.G. Wells
1237.**Os 36 estratagemas: manual secreto da arte da guerra** – Anônimo
1238.**A mina de ouro e outras histórias** – Agatha Christie
1239.**Pic** – Jack Kerouac
1240.**O habitante da escuridão e outros contos** – H.P. Lovecraft
1241.**O chamado de Cthulhu e outros contos** – H.P. Lovecraft
1242.**O melhor de Meu reino por um cavalo!** – Edição de Ivan Pinheiro Machado
1243.**A guerra dos mundos** – H.G. Wells
1244.**O caso da criada perfeita e outras histórias** – Agatha Christie
1245.**Morte por afogamento e outras histórias** – Agatha Christie
1246.**Assassinato no Comitê Central** – Manuel Vázquez Montalbán
1247.**O papai é pop** – Marcos Piangers
1248.**O papai é pop 2** – Marcos Piangers
1249.**A mamãe é rock** – Ana Cardoso
1250.**Paris boêmia** – Dan Franck
1251.**Paris libertária** – Dan Franck
1252.**Paris ocupada** – Dan Franck
1253.**Uma anedota infame** – Dostoiévski
1254.**O último dia de um condenado** – Victor Hugo
1255.**Nem só de caviar vive o homem** – J.M. Simmel
1256.**Amanhã é outro dia** – J.M. Simmel
1257.**Mulherzinhas** – Louisa May Alcott
1258.**Reforma Protestante** – Peter Marshall
1259.**História econômica global** – Robert C. Allen
1260(33).**Che Guevara** – Alain Foix
1261.**Câncer** – Nicholas James
1262.**Akhenaton** – Agatha Christie
1263.**Aforismos para a sabedoria de vida** – Arthur Schopenhauer
1264.**Uma história do mundo** – David Coimbra
1265.**Ame e não sofra** – Walter Riso
1266.**Desapegue-se!** – Walter Riso
1267.**Os Sousa: Uma famíla do barulho** – Mauricio de Sousa
1268.**Nico Demo: O rei da travessura** – Mauricio de Sousa
1269.**Testemunha de acusação e outras peças** – Agatha Christie
1270(34).**Dostoiévski** – Virgil Tanase
1271.**O melhor de Hagar 8** – Dik Browne
1272.**O melhor de Hagar 9** – Dik Browne
1273.**O melhor de Hagar 10** – Dik e Chris Browne
1274.**Considerações sobre o governo representativo** – John Stuart Mill
1275.**O homem Moisés e a religião monoteísta** – Freud
1276.**Inibição, sintoma e medo** – Freud
1277.**Além do princípio de prazer** – Freud
1278.**O direito de dizer não!** – Walter Riso

1279.**A arte de ser flexível** – Walter Riso
1280.**Casados e descasados** – August Strindberg
1281.**Da Terra à Lua** – Júlio Verne
1282.**Minhas galerias e meus pintores** – Kahnweiler
1283.**A arte do romance** – Virginia Woolf
1284.**Teatro completo v. 1: As aves da noite** ***seguido de*** **O visitante** – Hilda Hilst
1285.**Teatro completo v. 2: O verdugo** ***seguido de*** **A morte do patriarca** – Hilda Hilst
1286.**Teatro completo v. 3: O rato no muro** ***seguido de*** **Auto da barca de Camiri** – Hilda Hilst
1287.**Teatro completo v. 4: A empresa** ***seguido de*** **O novo sistema** – Hilda Hilst
1289.**Fora de mim** – Martha Medeiros
1290.**Divã** – Martha Medeiros
1291.**Sobre a genealogia da moral: um escrito polêmico** – Nietzsche
1292.**A consciência de Zeno** – Italo Svevo
1293.**Células-tronco** – Jonathan Slack
1294.**O fim do ciúme e outros contos** – Proust
1295.**A jangada** – Júlio Verne
1296.**A ilha do dr. Moreau** – H.G. Wells
1297.**Ninho de fidalgos** – Ivan Turguêniev
1298.**Jane Eyre** – Charlotte Brontë
1299.**Sobre gatos** – Bukowski
1300.**Sobre o amor** – Bukowski
1301.**Escrever para não enlouquecer** – Bukowski
1302.**222 receitas** – J. A. Pinheiro Machado
1303.**Reinações de Narizinho** – Monteiro Lobato
1304.**O Saci** – Monteiro Lobato
1305.**Memórias da Emília** – Monteiro Lobato
1306.**O Picapau Amarelo** – Monteiro Lobato
1307.**A reforma da Natureza** – Monteiro Lobato
1308.**Fábulas** ***seguido de*** **Histórias diversas** – Monteiro Lobato
1309.**Aventuras de Hans Staden** – Monteiro Lobato
1310.**Peter Pan** – Monteiro Lobato
1311.**Dom Quixote das crianças** – Monteiro Lobato
1312.**O Minotauro** – Monteiro Lobato
1313.**Um quarto só seu** – Virginia Woolf
1314.**Sonetos** – Shakespeare
1315(35).**Thoreau** – Marie Berthoumieu e Laura El Makki
1316.**Teoria da arte** – Cynthia Freeland
1317.**A arte da prudência** – Baltasar Gracián
1318.**O louco** ***seguido de*** **Areia e espuma** – Khalil Gibran
1319.**O profeta** ***seguido de*** **O jardim do profeta** – Khalil Gibran
1320.**Jesus, o Filho do Homem** – Khalil Gibran
1321.**A luta** – Norman Mailer
1322.**Sobre o sofrimento do mundo e outros ensaios** – Schopenhauer
1323.**Epidemiologia** – Rodolfo Sacacci
1324.**Japão moderno** – Christopher Goto-Jones
1325.**A arte da meditação** – Matthieu Ricard
1326.**O adversário secreto** – Agatha Christie
1327.**Pollyanna** – Eleanor H. Porter
1328.**Espelhos** – Eduardo Galeano
1329.**A Vênus das peles** – Sacher-Masoch
1330.**O 18 de brumário de Luís Bonaparte** – Karl Marx
1331.**Um jogo para os vivos** – Patricia Highsmith
1332.**A tristeza pode esperar** – J.J. Camargo
1333.**Vinte poemas de amor e uma canção desesperada** – Pablo Neruda
1334.**Judaísmo** – Norman Solomon
1335.**Esquizofrenia** – Christopher Frith & Eve Johnstone
1336.**Seis personagens em busca de um autor** – Luigi Pirandello
1337.**A Fazenda dos Animais** – George Orwell
1338.**1984** – George Orwell
1339.**Ubu Rei** – Alfred Jarry
1340.**Sobre bêbados e bebidas** – Bukowski
1341.**Tempestade para os vivos e para os mortos** – Bukowski
1342.**Complicado** – Natsume Ono
1343.**Sobre o livre-arbítrio** – Schopenhauer
1344.**Uma breve história da literatura** – John Sutherland
1345.**Você fica tão sozinho às vezes que até faz sentido** – Bukowski
1346.**Um apartamento em Paris** – Guillaume Musso
1347.**Receitas fáceis e saborosas** – José Antonio Pinheiro Machado
1348.**Por que engordamos** – Gary Taubes
1349.**A fabulosa história do hospital** – Jean-Noël Fabiani
1350.**Voo noturno** ***seguido de*** **Terra dos homens** – Antoine de Saint-Exupéry
1351.**Doutor Sax** – Jack Kerouac
1352.**O livro do Tao e da virtude** – Lao-Tsé
1353.**Pista negra** – Antonio Manzini
1354.**A chave de vidro** – Dashiell Hammett
1355.**Martin Eden** – Jack London
1356.**Já te disse adeus, e agora, como te esqueço?** – Walter Riso
1357.**A viagem do descobrimento** – Eduardo Bueno
1358.**Náufragos, traficantes e degredados** – Eduardo Bueno
1359.**Retrato do Brasil** – Paulo Prado
1360.**Maravilhosamente imperfeito, escandalosamente feliz** – Walter Riso
1361.**É...** – Millôr Fernandes
1362.**Duas tábuas e uma paixão** – Millôr Fernandes
1363.**Selma e Sinatra** – Martha Medeiros
1364.**Tudo que eu queria te dizer** – Martha Medeiros
1365.**Várias histórias** – Machado de Assis
1366.**A sabedoria do Padre Brown** – G. K. Chesterton
1367.**Capitães do Brasil** – Eduardo Bueno
1368.**O falcão maltês** – Dashiell Hammett
1369.**A arte de estar com a razão** – Arthur Schopenhauer
1370.**A visão dos vencidos** – Miguel León-Portilla

IMPRESSÃO:

PALLOTTI
GRÁFICA

Santa Maria - RS | Fone: (55) 3220.4500
www.graficapallotti.com.br